Les temps ont changé

Arlette Camion

Les temps ont changé

puf

ISBN 978-2-13-083283-6

Dépôt légal — 1re édition : 2021, novembre
2e tirage : 2021, novembre

170 bis, boulevard du Montparnasse, 75014 Paris

Die Erinnerung kommt mir oft wie eine Art von Dummheit vor. Sie macht einen schweren, schwindligen Kopf, als blickte man nicht zurück durch die Fluchten der Zeit, sondern aus großer Höhe auf die Erde hinab von einem jener Türme, die sich im Himmel verlieren.

Le souvenir me semble souvent une forme de bêtise. Il vous alourdit la tête, il vous l'étourdit, c'est comme si le regard ne traversait pas l'enfilade du temps, mais qu'au contraire il plongeait vers la terre d'une grande hauteur, comme de ces tours qui se perdent dans le ciel.

W. G. Sebald

La vieillesse est le temps des sidérations. Sidération d'abord de s'apercevoir d'un coup qu'on est dépassé, le monde a imperceptiblement changé, on ne s'en était pas vraiment rendu compte, pris dans les petites tracasseries qui s'amoncellent, les irritations qui s'accumulent, les impuissances vite oubliées. Mais brutalement c'est là : je n'habite plus ce monde que je ne comprends plus. On s'en veut de n'avoir pas fait attention, d'avoir manqué la bifurcation, de s'être laissé porter bêtement sur une voie de garage. Il aurait fallu être plus méticuleux, plus concentré. En se retournant, on n'arrive plus à faire le lien, d'ailleurs en repensant au monde que l'on a connu on s'imagine immédiatement celui de l'enfance, c'est comme si entre lui et aujourd'hui il y avait eu un long tunnel ou une longue absence, faiblement interrompue par quelques épisodes lumineux, très nets au milieu de la brume. Sidération ensuite de se trouver tel qu'on est à présent, après un si long chemin, on ne se reconnaît plus, pourquoi avoir mis tant d'espoir en soi-même, ou question moins amère et plus réaliste : où ai-je donc échoué ? Les vieux d'autrefois, ceux qui ne refusaient pas la vieillesse, souriaient à de telles pensées, sachant sans doute qu'elles étaient vaines. Ceux d'aujourd'hui en pleureraient plutôt, tant elles sont le signe que l'âge est là et que c'est un drame quand on ne conçoit pas l'existence comme le vol d'une plume, comme la légèreté d'un passage.

C'est l'histoire de tous, certainement. Mais il fut des temps où les choses changeaient moins vite, où l'on s'efforçait même à ce qu'elles ne changent pas. La nouveauté est une valeur moderne, jeune et fatigante. Des empires séculaires ont vécu d'immobilisme. J'envie ces époques où les longues années de platitude étaient des trésors. On ne voulait rien gagner, mais on s'évertuait à ne rien perdre, on se méfiait de la vitesse, on se reposait dans la lenteur. Les innovations étaient vues d'un sale œil, quelle bénédiction ! Et les vieux triomphaient, distillant d'un air solennel les banalités que tout le monde écoutait comme oracles. Heureux temps ! Pour nous, tout est allé très vite : depuis ma naissance, la population mondiale a plus que triplé, les peuples dits primitifs ont à présent la wifi, la sainte Église apostolique et romaine s'est brutalement effondrée, tout comme le saint espoir communiste, l'exotisme est devenu une denrée commerciale, et nos petits-enfants nous apprennent comment faire marcher des machines qui sont indispensables à notre quotidien. C'est vrai, nous n'avons rien vu venir.

Dans ce désarroi, il y a peut-être un remède, pour y voir plus clair. Prendre les objets disparus et les interroger, les faire scintiller à la lumière du monde d'aujourd'hui. Cet exercice est futile sans doute, il a l'avantage d'être amusant et l'on verra bien s'il me permet de comprendre enfin un peu de ce qui est advenu. Qu'on ne prenne surtout pas pour des manifestations de sagesse ou de sagacité les petites boutades qui garnissent ce livre ! Ce sont les fruits peu mûrs de mes sidérations.

La cabine téléphonique

Voici une disparition récente, qui suivit d'ailleurs une apparition tardive. Alors que du point de vue téléphonique la France était jusque-là un désolant désert, elle se hérissa dans les années quatre-vingt-dix du siècle précédent de cabines publiques, toutes du même modèle, métalliques et vitrées, assez laides au demeurant. Le sol d'aluminium fut vite constellé de chewing-gums écrasés, de vieux mégots, de cadavres d'insectes, de kleenex froissés. La porte ne s'ouvrait qu'après des efforts répétés et se coinçait en général quand vous étiez dedans. Le combiné, d'un usage plutôt simple pourtant, pendait souvent, moribond, au bout d'un fil caché dans une tubulure ressemblant à un tuyau de douche. Parfois un annuaire, pas encore volé, s'ouvrait sur la tablette à une page quelconque, témoignant de manière touchante qu'une vie inconnue était passée par là.

Comme la douche, la cabine était transparente et indiscrète. Elle avait quelque chose de plus ou moins obscène. On s'y sentait tout nu, livré aux regards curieux des passants, on craignait vaguement de leur dévoiler dans la conversation une intimité à laquelle ils n'avaient aucun droit. Voilà pourquoi on recherchait plutôt les cabines à l'écart, qui malheureusement, du fait même de leur isolement, étaient taguées de phrases déplaisantes et ne sentaient pas la rose. Outre un fonctionnement souvent aléatoire, le téléphone public n'était pas d'un maniement simple car il fallait à tout moment le nourrir de pièces, qu'il avalait goulûment. On se coinçait l'appareil sous le menton, farfouillait dans ses poches pour trouver les piécettes, elles vous échappaient pour rejoindre les divers détritus dont nous avons parlé, on gueulait à l'interlocuteur, j'ai fait tomber mes sous, ça va couper, et ça coupait. Les choses s'arrangèrent lorsque l'on inventa des cartes à acheter dans les bureaux où se fournissaient les porteurs de mégots, mais là encore la carte souvent refusait son office, ou n'était plus valable, ou n'entrait pas dans l'orifice qu'un gamin avait bourré de colle.

Certaines cabines étaient mélancoliques, proprettes délaissées dans des lieux improbables, villages sinistrés, bouts de digue battus par les vents, aires d'autoroutes en plein champ. Il y eut un moment une frénésie de cabines, elles furent plantées partout, sans égard pour les paysages qu'elles marquaient de leur touche. On obtenait de la sorte des scènes à la Hopper : cabine vide sur fond de dune. Leur modernité franche avait du mal à se marier avec les églises romanes, les portes médiévales, les frontons des palais. Mais on n'avait pas lésiné, car, bien que les PTT, Poste, Téléphone, Télégraphe battent singulièrement de l'aile, on avait décidé que les Français devaient absolument pouvoir communiquer. Autrefois pour ce faire, quand on n'avait pas chez soi le précieux téléphone, on allait au bureau, on attendait son tour au guichet, on prenait un bout de carton dur sur lequel était écrit en grand le numéro de la cabine, on entrait dans celle-ci qui puait l'haleine ou la sueur du client précédent, on saisissait un combiné gras et jamais nettoyé, on entendait la préposée, je vous mets en relation, puis la relation même, on haussait progressivement la voix pour couvrir celle hurlante du voisin de cabine, on payait en sortant. Tout cela était lent, marchait à merveille et sous couvert de nouveauté fut bazardé d'un coup.

Une nouveauté en chasse une autre : juste au moment où les cabines semées aux quatre vents de la Gaule bavarde pouvaient en principe assurer des éternités de confidences, de serments et d'aveux, voilà qu'on invente le téléphone portable. Seuls les snobs et les frimeurs s'en munirent d'abord, et dans les rues les passants étaient ahuris d'entendre quelqu'un parler tout seul, non, c'est qu'il l'avait, l'appendice que les Italiens, premiers fans de la chose, nommèrent *telefonino*. D'aucuns trouvèrent indécent l'abandon des manières, l'ébruitement soudain de monceaux de secrets, mais en fait, même si l'on tendait l'oreille l'air de rien, on n'entendait que des platitudes du genre : « je suis dans le train, là », ou « je rentre au cinéma, ça va couper », ou « c'est ça, c'est ça, bisous, bisous ». Le mystère qui entourait la cabine téléphonique du bureau de poste, sorte de confessionnal, avait été déjà bien éventé avec la cabine-douche, et à présent on se rendait compte que l'humanité fait surtout commerce d'énormes banalités. Un désenchantement s'abattit sur les âmes curieuses, mais qui ne découragea en rien lesdits communicants. Il faut dire que l'on employait déjà le verbe sans complément d'objet direct, on communiquait, dans l'absolu, on ne savait pas quoi, mais peu importe, on communiquait.

Les boîtes de métal et de verre où les combinés se balançaient mollement au bout des tubulures furent brusquement boudées. Comme elles avaient coûté au budget de la nation des sommes pharaoniques, en construction et surtout en entretien, du fait d'un penchant tout gaulois au saccage de ce qui dans l'espace public est destiné au confort de tous, attention qui est étrangement ressentie comme une provocation par nos compatriotes si furieusement individualistes, comme donc elles avaient fait l'objet de dépenses répétées, on hésita longtemps à venir les démonter. Elles garnirent pendant quelques années encore nos places pittoresques, les abords de nos châteaux et les quais de nos fleuves. Finalement, elles furent dans un tel état qu'il fallut se résoudre à les mettre au rebut. Il en subsiste quelques-unes, que le regard effleure avec émotion, comme on reconnaît tout à coup dans les traits d'une vieille dame la jolie femme que l'on a aimée. D'autres se sont transformées en bibliothèques publiques, pleines de livres déjà lus attendant d'autres yeux. Mais je n'ai jamais vu personne s'y servir. On ne lit plus, on communique, et le téléphone, on le sait, est devenu une seconde tête, plus importante que la première que l'on eut en naissant. Nous n'osons plus sortir sans l'avoir dans la poche, et nos charmants héritiers ne le lâchent ni de nuit ni de jour, il est pour eux une bouée sur les flots déchaînés d'une existence qu'ils commencent déjà solidement équipés. À voir cette pitoyable dépendance de nos chers bambins on voudrait s'écrier : « Oh cabines d'antan, antres de nos soupirs, abris de nos murmures, frêles coquilles de nos susurrements, que n'êtes-vous encore debout dans les tempêtes, le vent des boulevards, la pluie des carrefours ? »

Gamma-Rapho / Charles Ciccione

La balance romaine

Sur les marchés du Sud-Ouest de la France il y avait des fermières derrière quelques cageots et paniers, leur ventre dur et rond était sanglé dans un tablier bien tendu, leur permanente de campagne frisottait mollement, leurs bras forts semblaient pouvoir manier fourches et râteaux à faner, pouvoir porter des charges fabuleuses. Entre elles, elles parlaient un occitan local qui se changeait en un français chantant et pittoresque sitôt qu'une cliente se présentait. Elles ne faisaient jamais l'article, ne prisaient jamais leur marchandise qu'elles offraient à la vente comme à contrecœur. Il fallait sentir qu'elles ne s'abaissaient pas à être commerçantes, et que le beau monde était juste assez bon pour leurs légumes, leurs fruits, leurs fleurs. Lorsqu'on avait fait son choix, elles brandissaient tout à coup une gracieuse petite balance romaine, en un tour de main la tare était faite et en une seconde le suspens aérien de la corbeille se muait en prix qu'elles annonçaient discrètement, après avoir claironné d'une voix ferme « Baum poids ». Leurs légumes étaient difformes et délicieux, leurs fruits parfois véreux, mais juteux et d'une saveur qui vous ravissait. Ils existent toujours, mais dans des paniers d'AMAP que l'on commande par internet, et ils ne sont plus pesés sur cette merveilleuse et gracile balance, tout au plus sur son avatar techniquement perfectionné, muni de cadran, d'aiguilles, et peut-être, qui sait, nourri d'électronique.

La fermière était il n'y a pas si longtemps un être à part, comme tous les autres « culs-terreux », dont on ne se moquait plus, sentant qu'ils étaient des créatures en voie d'extinction. Une curiosité presque ethnographique les entourait déjà. La balance romaine symbolisait ce lien ancestral avec un passé qui disparaissait sous nos yeux. Deux mille ans de savoir-faire, que les régions les moins fertiles ou les plus accidentées avaient gardé sans le vouloir vraiment, étaient en train de se clore. Déjà le remembrement décrété par de Gaulle, grand effort de modernisation de l'agriculture qui devait permettre au sol national de nourrir toutes les bouches, avait fait des dégâts irréparables dans un paysage qui pour de vastes zones devenait purement agroalimentaire. Il subsistait pourtant des régions où les culs-terreux poursuivaient vaillamment leurs cultures non rentables, ce qui ne fut bientôt plus possible, après le passage du crédit agricole qui mit bon ordre à cette indépendance brouillonne en proposant de l'argent pour la mécanisation, argent qu'il s'avéra impossible de rembourser car, même avec les divines machines, les cultures restaient stupidement non rentables. Le cul-terreux qui depuis deux mille ans avait trouvé les moyens de s'en sortir fut donc définitivement mis au pas, et celui qui s'obstina à ne pas quitter la glèbe fut rétribué par les fonds de l'agriculture commune à l'Europe, les arrangements avec les vendeurs de jeunes veaux à engraisser ou les semenciers qui fourguaient en même temps le poison pesticide. Un moment il y eut un sympathique et ultime sursaut, celui des « vacances à la ferme », des « fermes-auberges » qui n'eurent qu'un temps, elles aussi ont disparu, sans doute victimes des « normes » à respecter lorsqu'on accueille les citadins.

En même temps que la balance romaine, c'est tout un équilibre qui a foutu le camp, le rapport fragile entre la ville et la campagne. En Italie, il subsiste encore, le *contado* nourrit les urbains de belle verdure, de courgettes en fleurs, ou du moins on fait semblant de croire que toute cette nourriture succulente n'est pas venue en camion d'Almeria ou du Maroc. Par décence, par pitié pour le *contadino*, on ne lit pas ce qui est écrit sur les caisses. C'est important, de faire semblant, cela préserve une sorte d'identité mythique de l'un et de l'autre, le citadin respecte le paysan et le paysan lui en sait gré. La ville n'est pas posée au milieu de nulle part, elle entretient avec la terre qui l'entoure des liens organiques, c'est plutôt satisfaisant même si c'est bidon. En France, la relation du paysan et du citadin a toujours été difficile, à cause des Romains d'ailleurs, qui ont construit des villes *ex nihilo* pour y vivre leur vie de faux luxe entre des latrines publiques puantes et des échoppes insalubres. Les habitants du paysage ainsi dénaturé par ces verrues monumentales et prétentieuses avaient le choix : soit rester dans leurs habitats primitifs avec leurs bêtes et leurs outils, soit rejoindre le lieu des plaisirs exotiques, du théâtre, et des jeux de cirque où évidemment on se marrait bien plus. Le paysan gaulois, plus tard mâtiné d'un peu de germain – mais cela n'a rien changé à la chose –, a donc en théorie choisi son existence, et celui qui rejoignit la ville fut un renégat. De là ce mépris de principe du cul-terreux pour les petits marquis des cités, dont la quintessence s'exprimait dans l'insulte : « Parigot ! ».

Cependant le mépris ou la défiance sont des façons d'entretenir des rapports, on peut même dire qu'ils nourrissent les relations plutôt fortes. Depuis la disparition de la balance romaine, lien ténu mais qui perdurait faiblement, la ville ne sait plus trop quoi faire de sa campagne. Celle-ci change de fonction au gré des circonstances : elle est terrain de sport, les cyclistes et les joggeurs agrémentent alors de leurs couleurs criardes l'arrière-fond désespérément vert de l'environnement ; elle est le circuit de vitesse des motards, et les mornes vallons s'animent enfin du vrombissement de machines amoureusement réglées ; elle est source d'émotions esthétiques, et les panneaux indiquent les points de vue que l'on n'aurait pas vus. On s'étonne qu'il y ait encore des champs, et comme ils sont en permanence vides on finit par penser que la nature les a ainsi créés.

L'horloge parlante

Elle existe toujours, et il existe encore des gens pour l'appeler. Autrefois, à l'autre bout du fil, on entendait : « Au quatrième top il sera exactement : 10 heures, 2 minutes, 30 secondes », ceci dit d'une belle voix masculine, grave, bien timbrée, lente. Aujourd'hui on perçoit une voix féminine qui susurre l'heure toutes les dix secondes, mécaniquement. L'évolution est déjà sensible à ce détail : l'heure s'est accélérée. Elle était l'objet d'une révélation rituelle au quatrième top, elle passe maintenant d'une dizaine de secondes à l'autre dans un flux inexorable. Et demander l'heure à l'horloge parlante est à présent un luxe, l'appel coûte l'équivalent de dix francs, une somme énorme que ne peuvent se permettre que les experts qui règlent les super-machines bourrées d'électronique. L'heure est de toute façon partout, sur le téléphone que l'on porte sur soi tout le jour et dépose le soir sur la table de nuit, sur la gazinière qui ne l'avait pas demandée, au fronton de nos célèbres pharmacies, sur le tableau de bord de nos voitures, sur les grands panneaux lumineux que les mairies dans un geste magnanime destinent à l'information de leurs concitoyens. Elle s'affiche, on ne peut plus l'ignorer. Elle nous surveille, elle nous épie, au cas où nous viendrions à ne pas la respecter.

Mon grand-père tirait d'une petite poche de son gilet la belle montre à gousset que j'ai encore quelque part, dans un fond de tiroir. Pour qu'elle ne se perde pas, elle était pendue à une lourde chaîne en or qui faisait une grande virgule sur sa poitrine et ponctuait de son faible balancement chacun de ses pas. Elle soulignait la dignité de mon ancêtre, elle l'accompagnait dans ses tâches quotidiennes, avec discrétion puisqu'elle restait cachée. Lorsqu'il la consultait il le faisait sans hâte, comme on vérifie une mesure quelconque dont rien de dramatique ne dépend. Mon grand-père n'était pas l'esclave de l'heure, elle s'égrenait doucement, au chaud dans son gousset, sans lui faire aucun mal.

Les jours passaient plus lentement, avec une solennité grave. La lumière perçait entre les lames des persiennes, le coq chantait, on l'entendait même en ville, le laitier faisait tinter sur les pavés les grands bidons d'aluminium qui s'entrechoquaient dans sa charrette à bras ; à la campagne les oiseaux se mettaient à pépier tous d'un coup, parfois cette rumeur était estompée par le crépitement des gouttes de pluie. On savait qu'une journée commençait et qu'elle serait lente, qu'elle déroulerait peu à peu des événements minuscules qui feraient sa substance. Pour ceux dont le quotidien était répétition, chaque jour représentait plus que la somme de ses heures, même si ce n'était que l'accumulation d'une fatigue chaque jour différente. On appelait cela vivre, c'est-à-dire accepter, bon an mal an, que le temps soit d'abord durée.

Je ne sais pas exactement quand la durée devint ringarde. À partir d'un moment dont je ne peux déterminer la date, mais qui coïncide à peu près avec l'américanisation de notre chère Gaule, le temps se transforma en quelque chose que l'on perd, ou curieusement que l'on gagne. On se mit à tout chronométrer, les performances sportives, les cadences des ouvriers, l'attente au téléphone.

L'agitation des comics gagna même les paresseux de nature, la vitesse, déjà si prisée des modernistes italiens, fut inoculée à la masse entière, et pour en décrire les effets pervers on inventa des vocables barbares comme « speedé » puis « stressé ». L'anxiété prit des allures exponentielles, elle finit par définir l'état général de la nation. Comme le rythme d'enfer n'est pas un régime anodin, apparurent alors des remèdes nouveaux, cures de sommeil (que l'on avait perdu), de remise en forme (pour se reformater), de désintoxication (pour éliminer les excitants dont on s'était bourré). On avait décidé de se rendre maître du temps, et ce n'est pas une mince affaire, ça fait pas mal de dégâts.

Le calme et la sérénité étaient autrefois des atouts pour vivre heureux, ils devinrent des vertus rares, que faute de mieux on alla chercher chez les yogis indous, fort étonnés d'abord, puis ravis d'être enfin pris au sérieux par une société technicienne qu'ils n'avaient jamais pu comprendre. Toute une méthodologie nouvelle se mit en place, fondée sur la dichotomie entre le monde chronométré et celui, un peu irréel il est vrai, qui ne l'était pas : en gros il s'agissait de « faire un break », « lâcher prise », de laisser parler en soi « l'envie d'ailleurs ». Étant entendu que ces pauses bienfaisantes n'étaient que des récréations et qu'il n'était bien sûr pas question d'en faire des modes de vie, où irait-on si l'on partait tous faire le berger en Ardèche ? C'est ainsi que le tourisme devint l'envers du système, nécessaire à son bon fonctionnement. La carotte pendant du bâton. Le monde capitaliste, bientôt suivi par l'ancien et le nouveau monde communiste (la différence entre les deux systèmes, autrefois antagonistes, se résumant aujourd'hui dans le fait que le communisme applique à sa population des règles que le capitalisme n'ose plus depuis longtemps employer), ces deux mondes du travail rationalisé donc furent saisis d'une fureur vagabonde, strictement circonscrite par des impératifs de temps, les Japonais ne disposant par exemple que d'une dizaine de jours par an, dans le meilleur des cas, ce qui augmentait considérablement le nombre de villes merveilleuses visitées par eux au pas de course. Comme ce temps hors du temps avait quelque chose d'incongru, on inventa le *selfie*, qui permet de se prouver à soi-même qu'on y était vraiment, à Venise, on n'avait pas rêvé.

Le temps coupé en petites rondelles a fait de nous un hachis. Mais, ô stupéfaction, la pandémie vient curieusement de restaurer la durée, dont nous avions tous perdu la connaissance. Quoi, plus question de se précipiter à l'école ou au bureau, et c'est même interdit ! Quoi, le rendement n'est plus qu'un critère appliqué au corps médical et aux éboueurs, qui sont reconnus, pour un temps, à leur juste valeur ! Quoi, le temps flotte à nouveau, et après la première surprise qui chez les plus touchés tourne à la dépression, on se laisse porter, faible fétu de paille ! On ne résiste plus, on dérive doucement, et comme on en a un peu honte, ce n'est quand même pas normal de se donner le temps, on cache ce délice sous des propos tout faits : quelle curieuse époque vivons-nous ! Les Chinois ne se bousculent plus au Louvre, les Russes ne se dorent plus qu'en Crimée, les notes des enfants n'ont plus d'importance, et on travaille en pyjama chez soi. Et nous ajoutons avec une sagacité feinte : attendez, attendez, nous paierons tous d'une crise mondiale l'échappée imprévue.

Le serre-tête

Voilà un objet qui, à ma connaissance, a presque disparu. C'était une sorte de torque en tissu posée sur la tête, diadème bourgeois, qui permettait à la fois de porter les cheveux déliés et de ne pas les avoir dans les yeux. Il y en avait une variation en écaille, vraie ou fausse, qui vous serrait effectivement la tête à en avoir rapidement la migraine. En général, le diadème glissait sur la chevelure propre, il fallait qu'elle soit crasseuse pour qu'il fasse son office. Le serre-tête pourtant n'était que très rarement appliqué sur une tignasse sale, il me semble que les deux éléments étaient parfaitement antinomiques. On sait que la coiffure est un grand marqueur social, et par conséquent le diadème bourgeois ne pouvait couronner une poissarde. Bref, l'objet faisait partie de l'attirail féminin de la bonne société ou de celles qui voulaient s'en donner l'aspect. Le serre-tête était censé domestiquer une crinière qui, défaite, évoque plus ou moins la sauvagerie, la liberté outrageuse, pire, la fille. Il permettait de n'être pas fille, mais petite fille, ou jeune fille, et lorsque les femmes le portaient il leur donnait immédiatement l'air miraculeusement virginal, énorme avantage pour les mères de famille catholiques surchargées d'enfants, qui approchaient par ce subterfuge un peu plus leur idéal marial. Pour les gamines, il était associé à la jupe plissée, bleu marine ou grise, et aux chaussettes tirées sur les mollets. Par l'intercession du serre-tête, le fait d'être femelle, donc immédiatement susceptible de débordements obscurément liés à l'inquiétante sexualité, était gommé vite fait, la gent féminine était brusquement innocente, docile, angélique presque. Parfois l'effet était désastreux, le truc avait filé vers l'arrière, ou tombait sur le front, les mèches s'échappaient de partout, l'élastique des chaussettes rendait l'âme, et les fumantes godillaient sur les chevilles. Mais cela n'arrivait bien sûr qu'aux petites filles qui avaient le mauvais esprit de ne pas jouer le jeu et que l'on appelait des garçons manqués.

Le serre-tête, comme le dit son nom, était le symbole d'une domestication réussie, il ne permettait guère de fantaisie, contrairement aux barrettes avec lesquelles on pouvait encore, avec un minimum de talent, se donner un air vaguement canaille. Il ne pouvait aller qu'aux jeunes filles « convenables », comme les casquettes molles ne convenaient qu'aux ouvriers, les montres à gousset aux notaires et consorts, les petits chapeaux ornés d'une seule aigrette aux vieilles dames aisées. Rétrospectivement, on apprécie la lisibilité immédiate dont jouissait alors l'espace social : on voyait d'un coup à qui on avait affaire. Face à une beauté ornée d'un serre-tête, au visage de madone sans trace de maquillage, l'homme savait que c'était dit d'avance, pas la peine de se donner la peine du badinage habituel. La petite fille était magiquement protégée des humiliations des mouflets de son âge, la jeune fille d'approches déclassantes. L'instrument donnait un genre avec autant de puissance que, à un autre échelon, les bas résille. Je n'ai sans doute pas suivi avec assez d'attention l'évolution de ce type de babiole, mais il me semble qu'aujourd'hui il est difficile de trouver un équivalent au serre-tête : à la fois signe d'un pouvoir sur les femmes et emblème d'une classe. Non pas que cette classe ait disparu, elle donne encore la plus grande part des représentants au Parlement national, mais elle s'est attifée un peu comme tout le monde, genre sport, en plus chic, *casual*, si bien que dans la rue elle se différencie à peine des quidams en Decathlon. La classe dominante est devenue invisible, c'est dommage car l'étourdi croirait presque que la démocratie a triomphé.

Le cendrier Martini

Il y eut pendant des dizaines d'années sur presque tous les bars de France un grand cendrier Martini, triangle de porcelaine ou de faïence blanche, aux pointes coupées. Il en exista de subtiles variantes, les rainures soutenant l'infâme mégot soulignées d'un beau doré ou bien le fond d'un bleu franc. Quelques modèles plus petits étaient destinés aux tables, le garçon vous envoyait la chose dans un auguste geste de semeur, elle était encore fumante et puait le tabac froid, une odeur qui avec celle du café trop torréfié imprégnait la plupart des troquets. Des troquets, des rades, des bistrots, il y en avait partout. Dans les villes bien sûr, et ils y sont toujours, bien qu'ils se soient standardisés à l'extrême : il n'y a plus que le café chic, genre brasserie parisienne, avec des garçons en tablier long et à l'air forcément rogue, qui daignent vous servir après de multiples signaux de détresse de votre part ; ou bien le PMU où des afficionados remplissent nerveusement des formulaires sibyllins et où de vastes écrans montrent des courses hippiques qui se ressemblent toutes. Les grandes villes, sauf Paris, se sont défaites de leurs troquets minables aux tables en formica où les clients ne venaient que pour la serveuse et le semblant d'humanité que l'on y trouvait. Ces cafés-formica ont migré, ils subsistent dans les agglomérations moyennes où souvent ils débordent sur les trottoirs pour faire parisien ; on y trouve au-dessus du bar, ou, plus grave, au fond de la pièce, un écran de télévision surdimensionné dont le son est souvent coupé, ce qui donne aux journalistes qui continuent à s'égosiller en pure perte un aspect fantasmagorique qui ne laisse pas d'étonner. Dans ces troquets de province il n'y a guère d'animation, sauf en cas de rassemblement de gilets jaunes. Et, évidemment il n'y a plus nulle part de cendrier Martini.

Autrefois, chaque village avait un ou plusieurs cafés. Il était rare d'y entendre de la musique, ils étaient silencieux la plupart du temps. Je me souviens des plus anciens, pour moi : des mouches, des sols de planches récurés à blanc ou de carrelage recouvert de sciure, des bars de zinc, avec parfois quelques œufs durs sans doute millésimés, le grand sucrier en forme de boule dont le couvercle s'ouvrait comme un hublot, des cacahuètes rances dans un bocal haut, des pailles dans un verre, sur les étagères les bouteilles de Byrrh, de Cinzano, de Bartissol, de Pernod, et des sirops d'orgeat ou de grenadine certainement devenus bouillons de culture ; des tables bancales, des chaises au dossier de bois rond. Et, lointaine image, un crachoir dans un coin, abandonné et vide, ouvrant tristement son œil blanc cerné du support de fonte. En Bretagne, les buvettes faisaient épicerie, avec quelquefois une ou deux chambres à louer au-dessus. Les cafés de village se modernisèrent, mais à la petite semaine, sans esbrouffe. Les chiottes demeurèrent ce qu'elles étaient : cuvette jamais vraiment récurée, balai innommable, verrou branlant, chasse d'eau défectueuse, sinistre auréole noire autour de l'interrupteur et pas de savon au lavabo. Lorsqu'une famille de touristes débarquait par hasard, le premier qui avait utilisé ces commodités informait les autres de l'état des goguenots par une moue réprobatrice ou un sourire soulagé. Le patron ou la patronne vous accueillait sans la morgue des garçons parisiens, et selon le cœur qu'ils mettaient à tenter une amorce de conversation on savait si les gens du coin étaient gentils ou non. On n'avait ainsi pas de peine à se faire une carte nationale de l'amabilité, qui d'ailleurs confirmait les clichés que l'on avait déjà. Les clients du cru, exclusivement masculins, étaient en costume de travail : salopette ou veste et pantalon bleus de paysan, casquette, cotte d'artisan parfois tachée de peinture, pull-over tricoté maison. Les gens sentaient fort et parlaient fort, dans un patois qui s'estompa peu à peu.

Ce sont ces cafés-là qui ont disparu, en même temps que les cendriers, et il me semble de façon aussi brutale. Ils étaient le seul lieu de convivialité à la campagne après l'extinction de la foi, laquelle rassemblait encore le dimanche les ruraux dans l'église. Dans les endroits où ils subsistent, ils sont, comme l'épicerie, subventionnés par je ne sais quel fonds de secours et portent le label de « bistrot de pays ». Mais il faut pour cela être dans une zone où les touristes étrangers s'attendent à trouver la France d'autrefois. À part dans ces réserves soigneusement entretenues, la campagne, du point de vue des cafés, est totalement sinistrée. La population, dira-t-on, s'est déplacée vers les villes et le paysan doit à lui seul mener l'exploitation qu'une large fratrie jadis entretenait. Il n'a plus de temps à perdre, il prend des anxiolytiques pour oublier les échéances et a perdu l'envie de rigoler. Quant aux nouveaux habitants des cambrousses, ils ne sont pas venus là pour se mêler aux bouseux. Bref, dans les campagnes n'y a plus de café, plus d'épicerie, la boulangerie se fait rare, l'église est vide et la poste fermée. Et, en plus, on ne boit plus de Martini que dans les films américains.

Roger-Viollet / Imagno

La canne

Lorsque l'on avait plus ou moins soixante ans, on s'achetait une canne. Avec elle commençait l'âge heureux de la vieillesse. Si les cannes existent toujours, elles sont à présent anglaises, beaucoup plus pratiques, orthopédiques pourrait-on dire, elles sont destinées à soutenir les blessés, les fracturés, les traumatisés, et, seulement à l'occasion, les vieux qui ne peuvent plus se traîner. Rien à voir avec la canne d'autrefois, laquelle relevait moins du matériel médical que du statut social, on pourrait dire qu'elle était davantage attribut que prothèse. Une canne, cela vous donnait de l'autorité, cela signalait aux freluquets et aux blancs-becs qu'ils vous devaient le respect. C'était un instrument fort commode, on tapait le sol du bout de la canne en signe d'agacement, cela suffisait à mobiliser l'attention, on la brandissait en signe de colère, cela évitait de s'égosiller bêtement. Le nouveau vieux entamait sa promenade quotidienne en sifflotant un air guilleret et en la balançant au rythme allègre de sa marche. Le vraiment vieux s'appuyait de tout son poids sur elle, le dos courbé, osait le premier pas et lui faisait confiance. Le patriarche la posait devant lui, s'appuyait des deux mains, écartait les jambes un soupçon, et contemplait son monde. Avec la légèreté et la discrétion de la plume elle accompagnait les trottinements menus des dames poudrées de riz. Il y avait la canne de montagne, solidement ferrée, que les jeunes sportifs ne dédaignaient pas ; la canne de ville, munie d'un embout de caoutchouc qui la rendait silencieuse et empêchait qu'elle ne glisse sur les pavés mouillés ; la canne de campagne, bâton rustique de bois blanc dont on avait ôté l'écorce avec un fort canif, pratiquant parfois des incisions recherchées ou naïves. Et le raffinement des pommeaux, en ivoire, en acajou, en argent même ! Pour les aventuriers était prévue la canne-épée, qui cachait dans son fût une lame traîtresse. Bref, le choix d'une canne était chose importante, cela vous posait son homme, cela vous donnait un genre, cela parachevait la grâce des fluettes comme la majesté des douairières toutes de noir vêtues.

Je revois mon grand-père maternel, vieil homme digne et souriant, qui ne sortait jamais sans elle. Encore très vert, il n'en avait aucunement besoin, mais sans canne et sans chapeau, il se serait senti tout nu. Lors de nos promenades il nous montrait du bout de sa canne les fleurs dans les fossés, un hérisson tapi sous les feuillages, il écartait les orties, il crevait les bulles qui couraient sur l'eau de la « fontaine à gros bouillons ». Sur la Croisette, l'hiver, il la levait d'un air négligeant et aussitôt un taxi s'arrêtait (il était connu pour les énormes pourboires qu'il laissait à chacun). La canne était son sceptre, elle symbolisait l'emprise tranquille qu'il savait exercer sur les choses et les gens. Je revois mon arrière-grand-mère posant la sienne contre le petit fauteuil qu'elle occupait tout le jour, elle y somnolait, mais à chaque réveil brusque elle la cherchait près d'elle, s'énervant si elle avait glissé par terre ou se cachait dans les replis de la couverture qui lui chauffait les épaules. La canne était devenue l'étai de son corps branlant, appendice sans lequel elle aurait ripé dans le gouffre, lui semblait-il.

Les vieux d'aujourd'hui n'ont plus de ce genre de canne, amie et complice, mutine ou secourable. On leur refait les hanches et les genoux et par magie ils n'ont plus besoin d'elle. Lorsqu'ils n'en peuvent plus, que le titane lâche, que les rotules en matériau de synthèse refusent le service, on les voit alors pousser devant eux une sorte de chariot auquel on a donné le nom très laid de déambulateur. Les deux mains sont requises, le dos est dangereusement penché sur la chose qui glisse inexorablement vers l'avant, l'opération est périlleuse à l'évidence et d'ailleurs le visage du pauvre assisté marque une concentration douloureuse et comme hébétée. Les vieilles dames profitent de ce véhicule qui n'en est pas vraiment un pour transporter leurs courses du jour dans un panier accroché au-dessus des roues, mais à les voir si raides et si peu mobiles, on se demande si elles iront les extraire si bas. Les déambulateurs encombrent les paliers des HLM, avec les landaus et les trottinettes, et l'on peut alors d'un seul coup d'œil se faire une idée de l'évolution de la démographie dans les classes populaires. Mais une chose est sûre : avec le déambulateur, pas moyen de faire illusion, on est, définitivement, un croulant, on est au stade ultime, voilà pourquoi l'objet n'est vraiment pas tendance.

Porter une canne avait tant d'élégance ! L'élégance avec laquelle on traitait son âge, le plus souvent : on n'en avait pas peur, on n'en avait pas honte. On pouvait l'afficher avec fierté, on pouvait s'en plaindre doucement, on pouvait l'ignorer superbement, on pouvait s'y glisser, comme soulagé de pouvoir enfin lâcher prise, on pouvait tout cela, mais il n'était que rarement l'ennemi qui vous avait pris par surprise, surgi tout à coup du fond du miroir, piétinant des années de combat contre les rides, contre le bide, contre les tempes grises. La vieillesse est maintenant vécue comme une jeunesse en sursis, prolongée par la chimie, par la chirurgie, par le sport que l'on pratique hérissé de capteurs, attentif à leurs bips. L'impératif absolu étant de nier l'âge, en un effort de titan on rassemble les quelques forces qui s'amenuisent, tout triste de savoir que c'est perdu d'avance.

Dire qu'à d'autres époques faire âgé était un atout ; tout le XIXe siècle nous offre les images de jeunes gens qui paraissent barbons, de demoiselles qu'on dirait ménopausées. Et les étudiants des années 1930, tirés à quatre épingles, et leurs cravates soigneusement nouées ! Il me semble que l'on passait alors directement de la culotte courte au costume à gilet. La séduction était une fatigue que les femmes mûries laissaient à leurs filles, de quarante à soixante ans « elles ne changeaient pas », elles s'étaient installées dans un âge intermédiaire qui ne lorgnait en rien vers les jeunes années, et se préparaient sans regrets au crépuscule de l'existence. Seules les « vieilles belles », vieilles peaux maquillées, se rendaient ridicules.

De nos jours la vieillesse est épuisante, elle nécessite presque un travail à temps plein. Et comme on meurt presque centenaire, on se demande quand on pourra enfin prendre quelque repos. Pourtant rien de plus simple, il suffit de s'acheter une canne, la suivre à petits pas, et sans penser plus loin aller par les chemins, pointer du bout les fleurettes des champs, crever les bulles des sources jaillissantes, battre la mesure de l'air que l'on fredonne et cesser de vouloir à tout prix être jeune.

Le Victor Hugo

Le billet de 500 francs Victor Hugo était une merveille de gravure : ciselé au plus fin, colorié franchement, en bleu roi et beaucoup de tons dorés, il donnait du poète national un portrait ferme et solide. Victor Hugo, les lèvres closes et le regard fixe, paraissait l'emblème même du sérieux. Derrière lui le Panthéon garantissait que ce n'était pas du chiqué. Les 500 francs inspiraient confiance, ce n'était pas encore grand-chose pour ce qui est de la pure finance, moins de quatre heures d'ouvrier, mais déjà un bon début, lorsqu'on en possédait deux on avait à peu près en poche une journée de travail lambda. Mon arrière-grand-mère paternelle, en tout cas, voyait la chose de cette façon lorsqu'elle nous donnait nos étrennes annuelles, un beau billet de

500 francs que nous recueillions avec force mercis tout en pensant qu'elle était d'une radinerie crasse, nos grands-parents maternels nous fournissant en pareille occasion quelques beaux Richelieu de 1 000 francs. Le papier des billets était plutôt fin, rien à voir avec la grossièreté des euros actuels, raides, indéchirables mais laids. Avec 500 francs en 1955, on pouvait s'acheter des monts entiers de bonbons, vingt baguettes de pain, mais à peine un beau livre.

Le Victor Hugo a tellement plu qu'il fut l'un des billets les plus longtemps en circulation : créé en 1954, il fut surchargé quelque temps puis porta 5 NF, pour cinq nouveaux francs. Il disparut en 1967. Il couvrit ainsi la période faste, celle où le chômage était presque inconnu, où l'effort était couronné de succès, où l'on n'avait pas inventé le stage non rémunéré mais difficile à obtenir, le curriculum vitae qui finit dans les corbeilles à papier des DRH, l'intérim qui permet de bazarder allégrement son personnel à toute heure. Sa valeur oscillait au gré de l'inflation, mais d'une manière encore convenable. Victor Hugo, sans qu'il le sache bien sûr, et peu de Français d'ailleurs le savaient, était adossé depuis les accords de Bretton Woods à son collègue le dollar, illustré, on le remarquera, par un George Washington aussi lugubre. Or, par mesure d'une prudence bienvenue après les inflations délirantes de l'entre-deux-guerres, le Washington valait lui-même un petit poids d'or, selon l'idée qu'il faudrait donner 35 dollars pour obtenir une once d'or. C'était décidé depuis un sommet difficile à concevoir nettement, mais enfin, c'était ainsi, et devenu aussi indiscutable que les lois de la nature. Le système tenait par ce fil solide, c'est-à-dire dans la pratique par des réserves de métal fin en lingots empilés dans une forteresse gardée par des cohortes armées, là-bas, dans le Nouveau Monde. L'Ancien Monde pouvait faire ses affaires en toute tranquillité et, le croyait-il, en toute impunité.

Pourtant les billets qui succédèrent au Victor Hugo n'eurent pas le même sort. George Washington commença à tanguer lorsque Nixon, pour des raisons égoïstement américaines, décida de mettre fin à une indexation qui faisait le bonheur de tous. Ce fut la panique, les fournisseurs de pétrole ne voulurent plus des Washington, mais comme on ne voulait leur donner que ceux-là, ils dirent en vouloir davantage, en vouloir des montagnes, avec lesquelles ils s'achetèrent immédiatement des Ferrari et des villas somptueuses sur la riviera française. Il fallait faire vite, car de manière générale les prix montaient en flèche, les Racine et les Corneille valaient de moins en moins, à l'instar de ce pauvre Washington qui avait perdu sa laisse dorée et dérivait au gré des événements, fort fâcheux en Asie, soit dit en passant.

Dans ce contexte, comme dirait le journaliste économique, un personnage jusqu'ici simple fournisseur de billets, Washington, Racine, Corneille et même si l'on voulait monnaie vietnamienne, devint un personnage central : le banquier. Puisqu'il n'était plus nécessaire de posséder de l'or, ou des Washington, pour créer des billets, on finit par se dire qu'il ne fallait pas se gêner. Toutefois, comme les États avaient une expérience désastreuse de la planche à billets trop souvent sollicitée (tout le monde se rappelait les brouettes de mark amenées chez le boulanger durant l'inflation de 1923, dans cette Allemagne qui finit par se venger de terrible façon), on se dit qu'il fallait trouver mieux. Puis, très vite, on se rappela le banquier, le banquier, bien sûr, pourquoi ne pas y avoir pensé plus tôt ! On interdit aux États de toucher à la monnaie, on inventa des serpents monétaires que personne ne se représentait vraiment, puis l'euro qu'on enferma dans une vaste tour à Francfort, avec interdiction formelle de le tripatouiller. Mais on autorisa les banques à créer des clones de ce même euro. Ce fut l'explosion du crédit. Pour vous prêter 1 000 euros, la banque devait prouver qu'elle en avait 80 en caisse. Le reste était du vent, mais un vent généreux, qui d'ailleurs passait de l'état gazeux à l'état de solide : car ce vent, il fallait le rembourser en vrais billets.

Par la magie du vocabulaire, la grande embrouille restait assez camouflée. On parlait des marchés financiers, sorte de tyrans dictant leurs ordres dans l'ombre. Ces ordres étaient respectés par tous les États qui ne pouvaient pas demander aux banques centrales les multiples crédits dont ils avaient besoin, on avait décidé une fois pour toutes que la rigueur était la règle, mais qui quémandaient sans vergogne auprès des banquiers, de ces tyrans de l'ombre donc, qui en plus avaient le toupet de donner des notes aux États et aux entreprises qu'ils fournissaient en numéraire. Tout cela était très mystérieux pour le commun des mortels qui apprenait que les transports publics, les hôpitaux et les écoles de son pays étaient à la merci de fonds venus d'une finance anonyme et fort peu démocrate. Bref, ce n'était pas vraiment clair, mais l'essentiel était que cela fonctionne.

Et puis, tout à coup, cela ne fonctionna plus. Là-bas, en Amérique, ils y étaient allés un peu fort, les banquiers avaient fait des crédits à des gagne-petit en grand nombre qui n'arrivaient pas à produire de l'argent, et patatras, le système s'effondra. Personne ne comprit le détail, mais tout le monde sut qu'il fallait « sauver les banques ». Bien sûr, elles étaient absolument nécessaires à la production de vent qui se transforme lui-même en coupures. Grâce à la mobilisation générale, le dispositif ingénieux fut effectivement sauvé. On profita au passage pour ramasser de vrais billets chez les pas trop pauvres, lesquels furent ahuris d'être considérés comme des nantis et donc de devoir participer à l'effort national et international.

L'histoire récente aurait certainement sidéré Victor Hugo, le vrai et celui du billet de 500 francs. Quoi, en pleine pandémie on ouvre tout à coup des robinets d'argent ? Les euros coulent à flots, les États qui avaient séquestré leur population, dans un grand élan d'humanisme, pour préserver les vieillards d'une mort qu'ils frisaient déjà, poursuivent leur mission charitable en la secourant à l'aide de milliards. D'où cette manne divine sort-elle ? Non, pas de la planche à billets, c'est trop dangereux. Du chapeau du banquier, comme d'habitude. On attend du banquier qu'il revende bien vite les petits papiers où sont inscrites les faramineuses dettes, qu'il les revende à la tour de Francfort, laquelle depuis un moment achète beaucoup de ce genre de documents. Les banquiers seront contents si les gens barricadés dans la tour veulent bien les racheter, car si d'autres le font cela sera peut-être avec la mauvaise idée de vouloir les échanger contre du vrai argent, ce qui voudrait dire que les États devraient payer leurs dettes, chose que chacun reconnaît impossible. Et puisque les banques ont jusqu'ici besoin des États (elles ont déjà bien à faire avec leurs propres soucis pour s'occuper de ceux des autres), tout comme les États, on vient de le voir, ont besoin des banques, il vaut mieux ne pas trop finasser et parer au plus pressé. On s'est plus ou moins mis d'accord, entre les gens de la tour et les gens des différents ministères en Europe : si tout marche bien, on déchirera à Francfort les petits papiers rachetés aux banquiers et on les lâchera des fenêtres comme des confettis.

Les Romains (encore eux) traficotaient l'alliage de leurs pièces de métal pour gruger leur monde. Nous avons inventé plus subtil, plus volatile encore, et plus difficile à comprendre aussi.

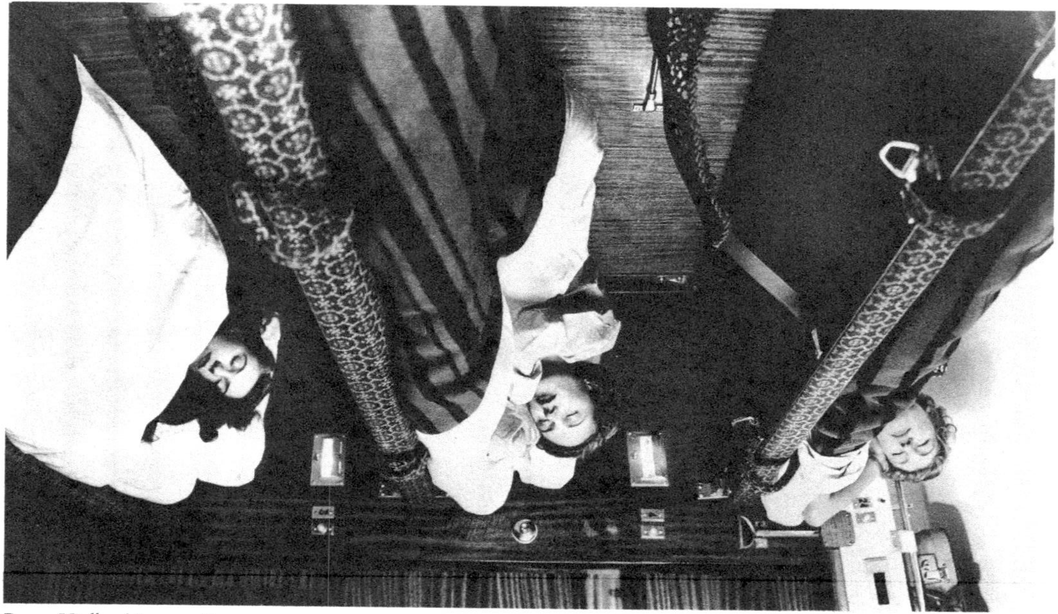

Roger-Viollet / Jacques Boyer

La couchette de seconde classe

Et voilà, le temps se mord la queue : on me dit que la Société nationale des chemins de fers français veut réinventer la couchette. Elle était devenue rarissime, un ou deux trajets dans l'immensité de l'hexagone, une misère. Elle avait disparu tout à coup, et la voilà ressuscitée. Je doute fort toutefois qu'elle le soit sous la forme qu'elle eut, elle va se donner des allures plus design, j'en suis sûre, et un nom qui mêlera le français et l'anglais.

Il y avait dans les couchettes de seconde classe une odeur particulière, humée nulle part ailleurs : un mélange de métal, de poussière, de tabac refroidi, d'haleines fétides. On avait beau ouvrir la fenêtre pour aérer, ça restait, c'était incrusté. D'ailleurs ouvrir la fenêtre était un vrai sport, on était censé le faire à l'aide d'une petite manivelle qui le plus souvent était bloquée. Si on avait par miracle réussi à laisser passer un filet d'air, les autres passagers, assis très raides sur la banquette dans l'attente que l'on descende les lits, commençaient à tousser discrètement, puis de moins en moins décemment, jusqu'à ce que l'un d'eux demande assez timidement si l'on ne pouvait pas remonter la vitre. On se tapait alors le même boulot en sens inverse, la manivelle grippait lamentablement. Dans le compartiment plein, les gens n'étaient pas d'emblée désagréables, sachant qu'ils avaient à passer des heures ensemble, se demandant comment ils feraient pour descendre sans bruit de leur couchette pour aller faire pipi, les plus sensibles s'alarmant de l'effet désastreux que ne manqueraient pas de faire leurs ronflements. On était parti pour un partage de l'intimité et l'on comprend que cette perspective refroidisse même les plus malotrus. Venait ensuite le cérémonial de la préparation du coucher : le système ingénieux qui retenait les lits était seulement compréhensible des ingénieurs eux-mêmes, ce qui rapprochait brutalement les bonnes volontés et faisait le plaisir des donneurs de conseils. J'ai connu des temps fastes où chaque wagon avait un employé qui, à l'aide d'une clef qu'il gardait comme un trésor, et en un tour de main, transformait les inconfortables banquettes en couches tout aussi inconfortables, mais permettant une position horizontale bienvenue pour les reins. Les voyageurs ne pouvaient réprimer un sourire de bonheur à l'approche de l'homme, en général bougon. Puis le bougon se fit très rare, ou exécutait à moitié son tour de magie, si bien que les passagers épuisés bricolaient le reste. On avait un peu peur que les sangles qui retenaient les lits ne se décrochent et que soient écrabouillés la moitié des dormeurs, mais à dieu vat, on s'allongeait.

Commençait alors une paire d'heures agaçantes, il y en avait toujours un qui ne voulait pas éteindre la lumière, parce qu'il n'avait pas trouvé comment actionner sa liseuse, petite ampoule qui jetait sur chacun des six voyageurs un faisceau éblouissant. Ceux qui avaient de l'expérience s'étaient réservé une couchette du haut, où l'on pouvait se redresser à demi sur son séant et où l'on risquait moins de se fracasser la tête en se réveillant en sursaut. Sur la couchette du milieu on se faisait l'effet d'être la tranche de jambon dans le sandwich, et sur celle du bas on respirait à pleins poumons l'odeur des chaussures rangées sur le sol à la propreté douteuse.

Une petite échelle permettait aux plus hauts placés de descendre de leur perchoir, elle était vite encombrée de vestes ou de manteaux. L'air devenait irrespirable, mais on ne s'en apercevait que lorsqu'on rentrait d'une expédition aux commodités.

Et pourtant comme je regrette les couchettes de seconde classe ! Non pas leur inconfort, et à l'arrivée la sensation de total épuisement comme la furieuse envie de se doucher, mais l'impression de glisser dans la nuit au sein d'un paysage que l'on ne voit pas. Les arrêts dans les gares avaient quelque chose de fantomatique et d'un peu inquiétant. On entendait les annonces des haut-parleurs qui résonnaient sur les quais vides, et lorsqu'elles étaient données en langue étrangère on ouvrait d'un pouce le rideau tendu devant la fenêtre, on entrevoyait une casquette d'uniforme soulignée d'un ruban rouge que l'on ne reconnaissait pas, ou quelques personnes portant de lourdes valises, avec sur leurs visages l'anxiété du voyage. On arrivait à destination déjà prêt à recueillir toutes les infimes différences qui font l'altérité, on avait oublié le familier pour s'ouvrir à l'extraordinaire. Et l'arrivée à Venise, à Santa Lucia, à peine sorti du train, le parvis de pierre blanche, quelques marches, le vaporetto ! La nuit nous avait préparés à recevoir l'extase touristique.

Les grands trajets en Europe ne se font plus de nuit. On prend l'avion ou le TGV, on débarque un peu étourdi mais encore frais, et beaucoup se rendent, l'attaché-case au bout du bras, dans un bureau qui n'a rien de différent du leur. Dans les aéroports, déjà depuis longtemps semblables, on a du mal à trouver les avions car ils sont cachés par les enseignes et la publicité des *malls* commerciaux ; une espèce qui rôdait dans les salles d'embarquement, la pétasse d'aéroport, a complètement disparu ; très classe, première classe s'entend, très parfumée, elle y tendait des filets et attrapait de gros poissons. Elle a trouvé des successeurs, les nombreux marchands prennent maintenant de nombreux petits poissons. Les gares se transforment, elles aussi, en supermarchés, mais pour évoquer quand même, dans un remords ultime, quelque chose comme l'ailleurs, entre les magasins de hauts palmiers tristes se dressent dans des grands pots.

Je me souviens de nos départs en Suisse. Nous prenions le Calais-Bâle à Lille, la famille de 5 dans un compartiment de 6, le sixième se sentant donc immanquablement de trop. Le train était encombré de troufions qui traversaient les wagons-couchettes en gueulant dans les couloirs. On changeait à Bâle au petit matin, ma mère inquiète mais organisatrice recomptait les valises et savait tout de suite sur quel quai se rendre. Le tortillard se faufilait le long de larges vallées jusqu'à Zug, on reprenait un train plus petit encore jusqu'à Linthal. Enfin le funiculaire nous montait à Braunwald, une petite station en balcon où il n'y avait pas de voitures. À la sortie d'un dernier tunnel, le soleil éclatant sur la neige, les cimes blanches dans l'azur. Comme une naissance. Le périple avait duré des heures, des heures sur les rails qui nous avaient portés, sommeillant ou assoupis, dans une sorte d'abrutissement doux, et nous déposaient enfin à mi-hauteur entre ciel et terre, épuisés et heureux.

La faucille et le marteau

Pour un symbole, c'en était un, c'était du lourd comme disent aujourd'hui les journalistes de *France Inter*. On voyait ces emblèmes de la masse laborieuse (qui, comme on le constate, ne s'associaient pas à la plume, excluant du coup les intellectuels lesquels pensaient secrètement qu'ils l'avaient mérité), on les voyait donc sur les affiches qui à la moindre occasion étaient nuitamment placardées sur les murs des villes. Les occasions étaient nombreuses, politique nationale et indignations planétaires. La France était politisée et dans le jeu le PCF tenait de bonnes cartes. On disait le Parti, comme si l'idéal du parti unique était déjà réalisé. Dans les familles de tous bords, même les respectables familles à traditions, il y en avait au moins un qui flirtait avec les rouges, si bien que les banquets de communion, les mariages et parfois les enterrements se terminaient par des mots qui entraînaient des brouilles, lesquelles brouilles ne s'arrangèrent que par à-coups, Budapest, Prague, l'Afghanistan.

L'idée communiste était grandiose, elle l'est toujours. Et se battre pour elle était généreux, rien à dire. Mû par l'élan, on pouvait bien accepter l'enrôlement ou l'aveuglement, au motif de l'efficacité. Ceci est affaire personnelle. La faucille et le marteau toutefois n'étaient en rien chose privée, mais bien image publique, que l'on ne pouvait pas ne pas voir, qui exaltaient les uns, agaçaient les autres et mettaient les intellectuels mal à l'aise. Car les cocos avaient un atout de poids : étant du côté de la justice, ils ne pouvaient avoir tort. L'argument moral frappait d'inanité tout raisonnement ou désir de s'informer sur ce qui se passait au juste. Bien sûr, le malaise ne touchait pas les convaincus et ceux qui avaient décidé une fois pour toutes de « suivre la ligne du Parti », mais il s'insinuait dans d'autres têtes pensantes, qui au fond ne savaient pas trop quoi en penser. On appelait celles-là les « sympathisants ». Comme l'esprit de l'époque, celle d'avant l'Afghanistan et d'avant Mitterrand, était à l'engagement, même la littérature devait être engagée (sinon à quoi servirait-elle ?), le clivage aurait dû se faire facilement, mais non, il restait un marais, une grande majorité de cosinus qui attendaient encore de savoir où s'engager, puisqu'il fallait le faire. Ils étaient grandement influencés par Sartre, lui-même influencé tantôt par l'un, tantôt par l'autre, mais qui ne le disait pas de cette façon.

Pour se débarrasser des plus nuisibles, le Parti inventa un concept nouveau, qu'il nomma « anti-communisme primaire ». Cela voulait dire que l'on était un imbécile si l'on n'adhérait pas au projet, mieux, si l'on mettait en doute la manière étrange de son application réelle. En fait, le meilleur des communistes, s'il avait un tantinet d'esprit critique, risquait d'être taxé d'anticommunisme primaire. Cela donnait à penser, et nombreux furent ceux qui le firent vite fait. Pourtant, même après 68 et les flambées libertaires, la faucille et le marteau continuèrent à en impressionner beaucoup.

Comment les choses tournèrent-elles ? On peut évoquer les faits historiques, les révélations embarrassantes à propos du goulag, les chars soviétiques sur des routes lointaines. Et finalement le PCF sombra en même temps que la maison-mère, c'est d'accord. Mais l'autorité qu'il avait eue si longtemps sur les intellectuels se dissipa à un autre rythme, et de manière cachée, au rythme d'une rivière souterraine qui se fraie son chemin dans les roches qu'elle sape lentement, et un jour boum, toute la voûte s'écroule. La faucille et le marteau s'opposaient au gros cigare capitaliste, c'était logique. L'indignité était du côté du gros cigare. Mais voilà que, imperceptiblement, il se réhabilita, il prit une forme fluette, celle de l'élégant cigarillo qui sied aussi bien au mondain qu'à l'homme de lettres. Avec la gauche au pouvoir, on se mit tout à coup à parler d'argent sans avoir honte, ce qui était impensable une décennie plus tôt. Le bobo était inventé : de gauche et propriétaire, d'une fermette ou d'un loft, généreux et égoïste à la fois, sensible aux grandes causes et soucieux de confort. Un original, en somme, du jamais vu. Le phénomène fut brutal, il prit le nom de gauche caviar. Les contradictions dans lesquelles l'honnête homme vivait furent magiquement levées. L'invention du bobo fut pour la plupart des anciens « sympathisants » un véritable soulagement. Je n'ai pas bien compris encore ce qui l'a remplacé. Mais peut-être n'a-t-on maintenant plus ce souci. Parler d'argent comme penser en termes d'argent n'est sans doute plus ignominieux.

Lors d'un voyage à l'Est, j'ai vu récemment la faucille et le marteau sur une façade, motif répété au-dessus de chaque fenêtre. L'immeuble était d'architecture solide, celle réservée aux institutions d'un pouvoir qui ne craint pas de se montrer. Les banques allemandes et autrichiennes ont racheté des bâtiments cossus, sitôt qu'elles le purent, dans les anciens États dits socialistes pour offrir la manne financière à des populations qui en avaient été si longtemps privées. Sur cette bâtisse-là, l'enseigne Commerzbank étalait ses lettres jaunes juste au-dessus des faucilles et des marteaux, devenus simples décorations de fenêtres, ornements que le regard négligeait.

adoc-photos / Maurice Zalewski

Les bigoudis

Je me souviens du traitement auquel on soumettait ma chevelure de petite fille, dans les grandes occasions : on me faisait des papillotes, on mouillait mes mèches de bière et on les enroulait autour d'un tortillon de papier. Cela séchait très vite, et lorsqu'on déroulait ensuite, les boucles blondes faisaient un halo du plus bel effet autour de mon visage. C'était magique, j'étais ravie, même si je restais entourée pour plusieurs heures d'une forte et suspecte odeur de bibine. Mais c'était le prix à payer pour la splendeur.

Plus tard, lorsqu'à l'adolescence on me coupa les tresses, je fréquentais régulièrement le salon de coiffure du quartier, où officiait une diva impressionnante, maîtresse du pharmacien du coin et grande amatrice de bel canto. Dans sa toute petite boutique emplie des roucoulades des ténors, elle enroulait les cheveux de ses clientes non sur des papillotes, mais sur des bigoudis, au diamètre plus ou moins grand, suivant la frisure souhaitée. Elle maniait avec lenteur et précision un peigne à longue queue, distribuait les mèches régulièrement afin de les ranger sur ces rouleaux en rangs serrés sur la tête de la victime, laquelle avait la plus grande peine à se reconnaître dans le miroir. Le tout était bloqué dans un filet, puis direction le séchoir, qu'on appelait le casque, et où l'on avait une demi-heure de répit question ténors. Une fois sèche, la chevelure était crêpée à l'aide du même peigne à queue, et enfin arrangée en choucroute plus ou moins ondulée suivant le goût de chacune. Cela faisait des coiffures extraordinaires, fermes et hautes comme des pièces montées, qu'on laquait abondamment avec un produit dérivé des hydrocarbures et qui exhalait une odeur aussi puissante que la bière, mais pas du tout suspecte. Il était impossible de cacher qu'on était allée chez le coiffeur, on se faisait déjà repérer rien qu'au nuage de senteur qui vous précédait avant même l'entrée en scène, et là l'œuvre d'art capillaire ne manquait jamais de provoquer des réactions fortes.

Comme les tifs en général se répartissent de manière parfaitement autonome autour du crâne, les efforts de n'importe quelle coiffeuse, avec ou sans bel canto, étaient promis à un avenir très bref. Il fallait bricoler soi-même à chaque shampoing une construction de bigoudis, qui devinrent donc rapidement les outils indispensables de la beauté féminine. Ils étaient accompagnés de petites piques en plastique qui les retenaient comme autrefois les épingles retenaient les chapeaux et qui vous éraflaient la peau du crâne de belle façon. Certaines fanatiques dormaient avec ces instruments de torture et, fortes de l'avoir vu dans les feuilletons télévisés américains dont l'ORTF était gourmande, des mégères sortaient le matin avec leurs bigoudis vaguement cachés sous un foulard, pour prendre la bouteille de lait déposée sur le seuil, sortir le chien et même pour faire les courses à l'épicerie du coin.

C'était l'époque où l'on portait encore des jupons sous les jupes, des combinaisons de nylon sous les robes. C'était l'époque où il y avait encore des habits de semaine et des habits du dimanche. Les placards n'étaient pas bourrés de fringues faites à l'autre bout du monde par des esclaves dont on ne veut rien savoir, on n'avait pas beaucoup

« d'affaires ». Mais on se paraît, on s'ornait, on se coiffait comme si on allait à la cour du roi. Talons aiguilles qui vous abîmaient le squelette, jupes moulantes, robes fourreau, les gamines avaient l'air de femmes mûres. La déesse Brigitte Bardot, dont nous aurons à parler, mais il faut dire qu'elle monopolisa l'attention durant des années, chamboula un peu tout ça avec ses chaussures de jeune ballerine et ses cheveux en désordre. Puis vint la libération, l'abandon du soutien-gorge, et même bientôt les seins à l'air. On ne se para plus, on s'exhiba. Pour ce faire les efforts furent beaucoup plus importants, car montrer son corps sans complexe est nettement plus difficile que de le camoufler sous la soie et la fourrure. Les frais de bigoudis furent investis dans des abonnements pour salles de gym. On continuait à parler de mode, les vieux la trouvaient soit scandaleuse, soit hilarante, mais plus de toilette. Puis même la mode régressa, une sorte de furie d'uniformité s'empara des foules, dans les villes elles formaient des masses noires pour le haut du corps, blouson de différentes matières, et bleu pour le bas, jean dont les infimes variations d'une année sur l'autre étaient à présent ce qui restait de la célèbre mode, une spécialité parisienne qui n'intéressait plus que les Chinoises enrichies. Les êtres féminins et masculins évoluaient ainsi dans l'indistinction, et seule la coiffure les distinguait encore.

Où est donc passée la féminité dont les Françaises purent au moins deux siècles durant se faire les championnes ? Où sont les chignons laqués, les capelines, les tenues de cocktail ? Depuis l'abandon des bigoudis c'est une vraie débandade. Les dernières mutations sont alarmantes : un gros de la population, tous sexes confondus, se balade en équipement de cycliste, shorts moulants, tee-shirts en textile « technique », lunettes de compétition. On ne voit plus les cheveux, pris dans des casquettes ou dissimulés sous des casques de sécurité. Cette gent asexuée n'est pas antipathique, reconnaissons-le, elle a échangé la séduction pour le sport, et les barbons devraient s'en réjouir, le sport, c'est sain, la séduction, on ne sait pas. Quant au point de vue esthétique, la chose est claire : c'est un désastre total. D'autant que les vieillards et leurs vieillardes commencent à se mettre à la bicyclette ; par un concours de circonstances économiques que je ne peux expliquer ici, faute de place, les seniors, dont les retraites sont financées par les actifs, disposent d'un budget bien supérieur à ces derniers et s'en donnent à cœur joie en ce qui concerne l'équipement. On a donc des chairs amollies, des ventres bedonnants pris dans des vêtements collants censés favoriser l'aérodynamique. Pauvres de nous, fermons les yeux, pensons aux temps anciens, aux temps des habits du dimanche, du jupon sous la jupe, des boutons de manchette et des pantalons de tergal amoureusement repassés ! Comme nous les regrettons, et avec quelle nostalgie nous souvenons-nous des coiffures bouffantes, œuvres éphémères et touchantes, pâtisseries d'un jour, que les bigoudis patiemment, humblement recréaient !

Les ventouses

Je viens d'apprendre avec sidération (encore une, mais elles sont nombreuses) que les ventouses étaient revenues, promues par la médecine chinoise. Mais enfin, je n'en ai pas encore vu dans un tiroir de table de chevet, comme elles l'étaient chez mon père. Elles cliquetaient doucement à chaque fois que l'on entrait dans la chambre, car le plancher était vieux et peu solide. Elles servaient à décongestionner les poumons, ou les bronches, enfin l'un de ces organes très mystérieux dont on ne se figure la forme que fort approximativement. Ma mère les appliquait à mon pauvre père dont la santé avait été durement éprouvée pour avoir passé 21 mois à Kassel, sous les bombes alliées. Ma mère était une beauté angélique, très fine, délicate et la voir poser sur le dos rougi de mon père ces petits pots de verre me semblait indécent, presque honteux, comme si l'acte avait à voir avec quelque secret d'alcôve peu avouable. On devait je suppose chauffer l'air contenu dans le pot, mais je ne me souviens plus avec quoi, et ensuite l'appliquer sur le dos, en rangées assez serrées, si bien que le patient ressemblait rapidement à une sorte de hérisson aux épines transparentes, mais incapable de se mouvoir. La tête reposée sur ses deux bras repliés, mon père, homme jeune encore, me disait doucement : « Ne reste pas là, je ne dois pas bouger, sinon les ventouses vont se casser. » Bref, l'opération était très impressionnante.

Mes parents gardèrent les ventouses dans le tiroir de la table de chevet durant tout leur mariage, bien qu'elles ne servissent plus. Peut-être les avaient-ils oubliées là, vestiges d'un autre temps, celui où l'on n'avait pas encore inventé la pénicille, puis quand on le fit, où l'on s'en méfiait comme d'un poison. Avec les badigeons de gorge qui vous donnaient une horrible envie de vomir, les cataplasmes à la graine de moutarde qui vous brûlaient la poitrine et les inhalations qui vous étouffaient, les ventouses étaient un de ces remèdes-maison dont on n'attendait pas de guérison, tout au plus un soulagement un peu hypothétique, mais auquel on se soumettait faute de mieux. On n'oubliait pas la fin, la santé, mais on ne raffinait pas les moyens, ceux du bord. Les petites affections bénignes étaient légion, elles empoisonnaient la vie, rhumes, angines et otites, furoncles et panaris, crises de foie (qui, curieusement, ont disparu), indigestions, coliques, douleurs d'une multiplicité infinie chez les vieillards. On les soignait à domicile, n'allant chez le docteur que pour les maladies jugées graves : présomption de tuberculose, qui restait la grande faucheuse, maladies de femme, chaudepisse accidentelle, etc. Recourir à un médecin n'était pas chose quotidienne, il fallait pour cela avoir une bonne raison, c'est-à-dire être plutôt dans le pétrin. L'homme de l'art prenait d'emblée un air de censeur revenu de tout pour examiner un patient de plus à s'être mis dans de beaux draps.

Tout de suite après la guerre on ne disposait en général pas d'un organisme à toute épreuve. Les gens ne souffraient guère d'obésité, certes, mais ils étaient peu résistants. Les bébés, sortis de la chaleur d'un ventre maternel qui avait connu les restrictions, étaient plutôt malingres. On aurait donc dû solliciter sans vergogne la sacro-sainte médecine, mais on ne le faisait pas, on essayait d'abord de s'en sortir seul. Il existait encore le médecin de famille et le médecin de campagne, auxquels on vouait une admiration à l'aune de leur absolu dévouement et qui étaient prêts à recueillir toutes les inquiétudes. On ne se méfiait pas non plus de leur diagnostic, on ne prétendait pas pouvoir le mettre en doute. D'ailleurs l'habitus médical de l'époque bloquait net toute contradiction : le moins d'explications possible, le ton le plus péremptoire qui soit, et seuls les débutants se mettaient dans la mouïse en trahissant leurs hésitations. Les médecins n'en auraient pas voulu à leurs patients qu'ils viennent leur soumettre les mystères de leurs bobos, bien au contraire. Mais on n'allait pas « au docteur » parce que cela coûtait un peu, et surtout parce qu'on n'allait pas emmerder un savant avec des broutilles.

On ne consommait pas autant de médecine, d'analyses, et de médicaments qu'aujourd'hui où dans certaines villes moyennes l'hôpital est le plus gros employeur. Cela est sûr. L'inflation des moyens médicaux a été exponentielle, pourquoi ne pas s'en servir ? Mais la raison profonde d'une sorte d'abstinence médicale que j'ai connue est peut-être un rapport légèrement différent à la maladie. Elle était acceptée comme dans l'ordre des choses. Être en parfaite santé était un bienfait des dieux, réservé à quelques privilégiés de la nature. D'ailleurs on prédisait méchamment à ceux-là qu'ils tomberaient comme des arbres à la première attaque. Couic ! Les autres étaient malades, plus ou moins souvent, parfois en continu. C'était la vie. Qu'elle débouche dans la mort ne choquait pas vraiment, c'est-à-dire que la mort n'était pas le grand drame, la surprise. Elle était révoltante, bien sûr, quel mortel ne se croit pas bêtement immortel, mais elle n'était pas camouflée comme une chose répugnante et inconcevable. Pour dire la mort, il y avait des tas d'expressions, qui l'apprivoisaient en quelque sorte, et qui n'ont presque plus cours aujourd'hui : lâcher la rampe, faire sa révérence, passer l'arme à gauche, casser sa pipe.

Lorsqu'on compare les corps à trois générations de distance et au même âge, il est évident que nous avons gagné énormément du côté esthétique. C'est un bonheur qu'on ait oublié les ventouses dans les tiroirs. Fini les épaules rentrées, les poitrines creuses, les abdomens gonflés, les biceps mous, et surtout l'air empoté des gamins sur les plages. Le sport et la médecine réunis dans des efforts dignes du Créateur ont façonné en un temps record une humanité athlétique. Je mets bien sûr entre parenthèses la cohorte des obèses et des fumeurs de joints, qui ont une fois pour toutes décidé d'être malportants. Seuls les États naïvement soucieux de l'ensemble de leur population s'intéressent encore à ces kamikazes. L'espèce humaine, il faut bien le reconnaître, enfin la partie qui n'est pas immergée dans sa graisse, est à présent canon. Tout est conçu pour qu'elle se présente à l'heure dernière en pleine forme. Ce qu'elle fait d'ailleurs, et le plus souvent, tout absorbée par le soin de sa santé, elle a oublié qu'il y avait une échéance et découvre avec stupéfaction qu'il lui faut bien mourir. Parfois l'ébahissement frappe l'espèce entière, à l'arrivée d'une bêbête inconnue des savants : les gouvernements se dépêchent alors de réglementer les joggings tandis que les vieux meurent seuls dans les asiles. On peut donc bien dire sans jeu de mots qu'on a oublié la fin au profit des moyens.

Roger-Viollet / Georges Azenstarck

La gamelle

La gamelle vient d'être rebaptisée, on l'appelle lunch-box. Sa forme a changé, c'est maintenant un assemblage astucieux de boîtes en plastique qui contiennent des graines, un soupçon de riz, des rondelles de tomates, du muesli, une carotte pelée, quelques feuilles de salade, une compote sans sucre, des aliments dont la valeur nutritive a été soigneusement étudiée. La gamelle, d'abord nommée « boîte à fricot », était constituée de compartiments de métal empilés l'un au-dessus de l'autre et bientôt, modernité oblige, fixés par deux grands crochets qu'il était souvent difficile d'ouvrir. Elle contenait exclusivement une nourriture « qui tient au corps », rien de diététique ni d'étudié, un ragoût de patates, des fayots, de la carbonade, des nouilles dans un jus de viande, de la purée avec un bout de saucisse, de la soupe épaisse, une omelette au lard, des lentilles, un ragoût de patates légèrement différent de celui d'hier, des nouilles dans un autre jus de viande, etc. La gamelle était préparée la vieille au soir par la femme de l'ouvrier, le plus souvent elle aussi ouvrière, qui donc avait deux gamelles à préparer, plus les goûters des petits, un bout de pain avec un tout petit carré de chocolat, cela allait plus vite.

L'ouvrier et son ouvrière partaient le matin en vélo à l'usine, la gamelle dans la sacoche. Les sonnettes tintinnabulaient sur les pavés, la grille s'ouvrait dans un halo de cliquetis, et c'était parti pour une matinée devant la machine, dans le bruit, dans la poussière de la laine ou du coton qui scintillait dans les raies de lumière descendant des verrières. Puis ce fut devant les machines, car il fallait passer de l'une à l'autre. Le midi on reprenait la gamelle que l'on avait enfermée avec son manteau ou sa canadienne dans l'armoire de métal du vestiaire, on partait dans la grande salle la poser sur les réchauds malpropres, on s'asseyait sur des bancs de bois et on l'avalait vite. Bientôt on ne put l'accompagner du vin, le contremaître surveillait.

La gamelle disparut lorsque l'on décida que les entreprises devaient nourrir leurs employés, en déduisant ces frais de leurs émoluments. Il y eut des cantines, puis des self-services, puis plus rien du tout, même plus de gamelle, car il n'y eut plus d'usines.

On voit encore sur les chantiers ou chez les travailleurs qui entretiennent notre célèbre réseau routier des avatars de la gamelle, qu'on réchauffe comme on peut, sur des braseros improvisés. Cela prend alors l'allure d'un campement, c'est plutôt sympathique. Sinon il semble bien que la classe ouvrière, dont les attributs étaient la gamelle et le vélo, se soit à ce point transformée qu'elle ait changé de statut, d'attributs et même de nom. Elle se trouve encore sous la forme rampante (que l'on fait ramper, s'entend) du travailleur intérimaire, elle perdure dans les tâches dites saisonnières, mais ne porte alors même pas de nom, et dans les quelques fabriques qui ont encore pignon sur rue, elle a le sigle de CDD, espoirs de CDI. L'ouvrier spécialisé, qui partageait autrefois la même conscience de classe que ses inférieurs dénués de toute spécialisation, fait à présent partie des techniciens, et monté en grade, ne se perçoit pas si facilement victime d'un système.

Non, la classe ouvrière d'autrefois, avec sa noblesse et sa rogne, sa franchise et sa révolte, sa fierté et sa gamelle, celle-là semble bien avoir disparu. Il y a toujours des ouvriers, bien sûr, que ferait une nation sans eux, mais ils sont anonymes, fantômes vivant à la lisière entre ombre et lumière, souvent venus de loin pour ne trouver chez nous qu'une existence dure et sans gloire.

La désindustrialisation du pays ne fut pas la ruine du capitalisme national, on le sait, mais la disparition d'une classe qui avait un pouvoir. Cela ne se fit que peu à peu, on voyait les grandes salles des usines se vider de leurs machines, transportées vers des cieux pluvieux ou ensoleillés où la « masse salariale » était moins importante. Ce fut une évolution lente qui prit des années de lutte et de résistances, de création de coopératives et de rachat d'entreprises. Mais alors même que le mot de désindustrialisation n'était pas inventé, alors que l'on ouvrait encore des usines (que l'on garnissait d'ouvriers importés qui n'avaient encore rien compris au syndicalisme et qui ne profitèrent pas non plus des métamorphoses à venir), alors donc que nous étions encore dans les Trente Glorieuses, la classe laborieuse subit une transformation inédite et imprévue. Ce fut le fait du génie politique d'un petit homme affable et cultivé, gros fumeur de gauloises, Pompidou. Obéissant à un principe simple, il transforma le loup menaçant en un agneau docile : lorsque l'on donne à des gens dont on craint l'agitation l'occasion de s'agiter de façon moins dangereuse, on peut s'attendre à ce qu'ils se calment. Confronté aux émeutes de 68, qui mêlaient des espérances fort diverses, l'homme au mégot les traita avec une remarquable maîtrise : il attendit l'acmé, fit parader son général, puis décida qu'il fallait transformer les étudiants en libertaires de service et les ouvriers en petits-bourgeois pour que cela ne se reproduise plus. Il distribua le crédit, dont on a déjà vu les effets proprement magiques, et le rêve d'une libération grandiose se mua en traites à payer. Chacun voulut avoir son petit pavillon, entouré d'un petit jardin, dans lequel hurlait un petit chien. Comme la monnaie se mit à dégringoler, les traites furent pour une bonne part absorbées par une salutaire inflation. Ainsi donc, Pompidou qui, non content d'avoir été un brillant normalien et de rester un grand amateur de poésie française, avait eu un passé dans la banque Rothschild et s'y entendait du coup pas trop mal en phynance, transforma en propriétaire une classe qui peu de temps auparavant s'enorgueillissait de haïr la propriété. Exit la gamelle.

Notre société s'assagit, elle connaît des émeutes, mais depuis que la classe ouvrière est devenue la classe moyenne, on y a malgré tout une trouille bleue de la révolution. Les feux de camp sur les ronds-points réchauffent parfois encore des casseroles qui se voudraient gamelles, c'est d'accord, et on hume quelques relents d'une ancienne vigueur. Mais il suffit qu'une bêbête pointe le bout de son nez pour que l'on renonce à tout rassemblement. On se cache sous des masques quand on sort dans la rue, on rase les murs quand on voit un collègue, on se terre chez soi. Alors fini bureau ou atelier, on range sa lunch box parmi ses Tupperware, on allume l'ordi et on attend des jours meilleurs.

Le buvard

J'oubliais toujours mon buvard, et c'était un manquement grave. La maîtresse prenait son air vache et disait : « Tu as *encore* oublié ton buvard. » La chose était indispensable pour essuyer le trop-plein d'encre, pour retenir vite la bulle du liquide violet qui grossissait à vue d'œil sur le papier, s'infiltrant entre les fibres, prenant une forme laide de filandreuse méduse, gagnant une place effrayante et qui annulait d'un coup toute la peine que l'on avait eue à former les pleins et les déliés. Nous utilisions des plumes gauloises, un peu pataudes, mais le concierge qui nous les vendait dans sa loge sombre avait aussi des Sergent-Major, plus effilées, d'un aspect vaguement dangereux. Il me semble me souvenir que les Sergent-Major n'étaient pas destinées aux petites, il fallait d'abord faire ses preuves pour pouvoir les manier, et déjà qu'on oubliait son buvard…

La chose s'achetait par paquets de cinq ou dix, dans une petite boutique près de la place du conditionnement où l'on rencontrait encore des voitures à chevaux qui amenaient des ballots de laine à contrôler. Une ruelle pavée descendait vers le canal, un réverbère au gaz était posté au coin. Tout sentait la misère. C'est peut-être pour cela que je n'allais pas volontiers acheter des buvards, la main serrée dans celle de ma mère.

Pourtant j'aimais le tracé compliqué des majuscules, le *T* aérien, le *A* juché sur ses deux arabesques, là était la richesse, le luxe de l'inutile, la débauche du superflu. Il aurait fallu que la plume ne se prenne pas dans les fibres du papier, que tout cela soit fait d'un trait vigoureux et libre, dans l'aisance du geste et la certitude de l'art. La contradiction même avec le buvard, cet objet besogneux, mesquin, voué à la médiocrité. Le buvard essayait parfois de se donner des titres de noblesse en s'enroulant autour d'un support, il devenait buvard de bureau, avec une petite poignée en boule et d'un mouvement de bascule il essuyait des colonnes de chiffres ou des signatures au bas de lettres dactylographiées. Mais c'était de la pure frime, même au bureau et ennobli de la sorte, le buvard restait du côté des minables. D'ailleurs il existait des buvards publicitaires, c'est tout dire, prêtant leur dos à des mercantis, à des firmes de déménagement, à des bottiers. Avec les calendriers, les gommes portant des marques, les buvards publicitaires faisaient partie de ces objets familiers laids et envahissants qui traînent dans les tiroirs et que l'on ne jette pas.

Sa disparition ne nous fâche donc guère. Elle coïncida d'ailleurs avec un changement de rythme. Tandis qu'écrire à la plume était une tâche lente, méticuleuse et qu'on devait faire avec précaution, le stylo-bille fut pour tous une innovation enthousiasmante. Fini les pleins et les déliés, et cette prétention à réclamer du scribe une âme d'artiste. La calligraphie fut simplifiée et enfin mise à la portée de tous. Démocratisation oblige, le baron Bic put s'acheter des voiliers. Dans les pays lointains les enfants vous poursuivaient en réclamant stylo, stylo ; il est réconfortant de constater qu'ils le firent avant de mendier *money, money*, leur première envie fut toute culturelle, la seconde étant un effet fâcheux de l'américanisation générale. Le temps du bic fut glorieux et court, on connaît l'évolution galopante que l'écriture subit dans les décennies qui suivirent l'invention de la bille : le traitement de texte, qui donna l'impression à des milliers de gens qu'ils étaient devenus éditeurs, la photocopieuse qui multipliait à l'infini n'importe quel jus de chaussette et qui permit dans les bureaux de salutaires rapprochements, surtout lorsqu'on avait eu la bonne idée de la placer près de la machine à café. Il semblait que le texte s'écrivait enfin tout seul, et c'est d'ailleurs ce qu'il fit lorsqu'il se posta anonyme sur des réseaux qui n'ont de sociaux que le nom. De puissants hommes d'État ne dédaignent pas de nos jours écrire en un éclair des phrases qui bouleversent l'ordre du monde. Les machines ont absorbé l'écriture, véhiculée par elles, que nous ne comprenons pas, elle traverse à présent les espaces, elle est portée par des câbles qui gisent au fond des mers. Elle prolifère et s'échappe, dans une instantanéité qui la libère, comme on dit que se libère un gaz léger. Cela ne manque pas de grâce, il faut bien l'avouer. Le ballet de nos petites phrases entoure la planète, l'échange aérien fait un twitt twitt d'oiseau. Au diable la gravité de paroles lentement transcrites par une plume grinçante sur le papier, au diable la componction de l'œuvre faite avec soin, au diable le buvard qui la parachevait.

Je me souviens de l'écriture fine et alerte de mes grand-mères, de l'amour qu'elles mettaient dans leurs : « avec mes affectueuses pensées, ta Mamy », « tu embrasseras ta Maman pour moi », elles essuyaient lentement les mots tendrement écrits, et sur le buvard leurs traces restaient à leurs côtés, tandis que la missive déjà était partie au loin.

Roger-Viollet / Alain Bonhoure

Le *Gaffiot*

J'ai gardé mon *Gaffiot* tout le long de ma vie, le même, la couverture de toile marron est tachée, les dernières pages pendouillent, mais en gros il a tenu le coup. Treize déménagements, des décennies empoussiérées sur des étagères diverses, abandonné depuis longtemps, jamais ouvert. Mais il me semble que je ne pourrais m'en défaire. Le jeter serait un sacrilège.

Felix Gaffiot rédigea, après onze années de labeur, ce dictionnaire latin-français en 1934. C'est l'équivalent du *Bailly* pour le grec ancien, mais je n'ai pas fait de grec, bévue que je me reproche encore. J'ai gardé le latin de la sixième à la fac, et je suis titulaire d'un certificat d'études latines qui m'aurait permis d'enseigner cette langue que j'ai totalement oubliée. Je me souviens en revanche de mon professeur de latin en classe préparatoire, on le surnommait le Zep, c'était un type binoclard, près de la retraite, qui considérait ses étudiants avec une commisération infinie et arrivait le matin à bicyclette, un clou hors d'âge à la roue avant voilée, avec sur le porte-bagages, retenu par des sandoz, le *Gaffiot*, et c'est tout. Même lui, qui récitait des pans entiers de l'*Énéide*, avait parfois besoin du *Gaffiot*.

On disait que le latin « formait » l'esprit, à cause des déclinaisons sans doute. Je n'ai jamais compris pourquoi. Puis on décida que c'était plutôt les maths, une discipline tout aussi inutile à la vie quotidienne, et même spirituelle, que l'est le latin. Il est vrai que l'essentiel n'étant pas la formation de l'esprit, bien sûr, mais le calibrage des esprits, n'importe quelle matière fait l'affaire. L'éducation, au moins celle de l'école française, ne se mêle pas de développer l'intelligence, qui procure du plaisir lorsqu'on la laisse faire, mais de la brider, ce qui chez les enfants pas trop idiots est ressenti très vite comme une grande souffrance. Le plaisir est réinjecté dès le début de l'apprentissage sous la forme de la satisfaction d'être dans les bons, sinon le meilleur (délice supérieur réservé à l'élite, récemment renommé excellence). Le tour de passe-passe n'est pas trop difficile à effectuer avec des âmes malléables, et le formatage est alors réussi, on obtient au bout de 12 années de scolarité, plus un supplément de quelques années de grande école, les cadres de la nation. Pour les récalcitrants, ceux qui s'aperçoivent vite qu'on veut les faire chier et qui, dans un réflexe salutaire, n'en ont absolument pas envie, c'est foutu, c'est clair. Ils passent dans la rubrique des pertes nécessaires. Quant à la plus grande partie des gamins et des gamines, pour eux le système continue de marcher tant que tout le monde, enfants comme parents, y croit un tant soit peu. Les élèves avalent les « programmes », par petites bouchées remâchées et insipides, pour les recracher vite fait sitôt le bac passé. Pas de profit, dégâts négligeables. C'est un peu l'école que j'ai connue.

Mais avec une population qui n'arrêtait pas de se multiplier, avec la montée des gagne-petit qui s'étaient mis en tête de devenir des gagne-gros, la machine s'est peu à peu grippée. Il fallait être aveugle pour ne pas voir qu'elle allait se planter. On prit des mesures pour alléger les tâches, et la première fut celle de faire passer les langues mortes au rang des arts d'agrément, ce qui fit hurler les défenseurs des soit-disantes humanités. Le latin en faisait partie, ce qui est bien surprenant : ma propre expérience d'élève et d'étudiante m'a laissé le souvenir d'une langue de militaires et d'orateurs véreux, de philosophes à la botte du pouvoir. Et les vertus romaines, parlons-en, corruption d'un bout à l'autre de l'échelle, clientélisme et piston, cruauté révoltante des masses hurlant dans les arènes et un goût des plaisirs érotiques douteux que nos maîtres essayaient en vain de passer sous silence. Bref, on pouvait bien balancer le *Gaffiot* dans les orties, ce n'était pas bien grave, en soi.

Sauf qu'à force de balancer tout ce qui avait fait le poids de l'institution on se retrouva assez vite en état d'apesanteur. On tanguait à en donner le vertige. Beaucoup d'efforts furent faits pour recentrer, autour des « savoirs fondamentaux », des « socles », enfin tout ce qui redonne de l'assise. Parfois même, dans un remords tardif, autour de l'enfant qu'on avait oublié depuis les pédagogies innovantes du XVIIIe siècle. Le problème est que l'enfant en avait passablement marre que l'on s'occupe de façon si abrutissante de sa modeste personne, surtout l'enfant « issu de l'immigration », qui portait en lui toute une histoire et des cultures passionnantes qu'il était censé oublier derechef. Du coup, ça chahutait sec dans les banlieues. Mais au sommet on n'en démordait pas vraiment, on se donnait des airs, surtout l'air de celui qui a tout compris et qui va apprendre à la piétaille des enseignants harassés à marcher droit dans la bonne direction. La direction n'était pas nette nette, ou bien elle changeait à chaque nouveau ministre (leur liste est longue). Bref, c'était la vraie pagaille et pour qu'il y ait au moins un consensus, on décida qu'il fallait évaluer et non plus enseigner. Le thème latin se révéla *a posteriori* l'exercice idéal, et il devint un objet-vintage qui évoquait le bon vieux temps : tout y était merveilleusement chiffré, le barbarisme, le solécisme, la faute de morphologie, la faute de syntaxe, un vrai rêve pour le pauvre enseignant requis de fournir des palanquées de notes à l'administration sous peine de passer aux yeux de celle-ci pour un tire-au-flanc de plus.

Au point où nous en sommes, au bout de tant de réformes et de remises à plat, d'expertises qui à présent se disent scientifiques, de réflexions sur la méthode, d'interrogations sur le fond, d'enquêtes nationales qui finissent dans les placards des rectorats ou avec un peu de chance dans ceux du ministère (lequel reste le chapeau d'un système sans tête), je me demande vraiment si l'on ne devrait pas reprendre le *Gaffiot*. Il pèse près d'un kilo, ça leste.

Le manche à gigot

Cette invention sublime était à peu près l'équivalent pour la bonne bourgeoisie de la gamelle pour la classe laborieuse. Les deux se font pendants. On constatera que le manche à gigot est absolument superflu, tandis que la gamelle est absolument nécessaire pour reconstituer la force de travail. Cela déjà en dit long sur la structure sociale.

Il s'agissait d'un embout, généralement en argent gracieusement ciselé, que l'on fourrait sur l'os du gigot, à la cuisine bien sûr car l'opération était peu ragoûtante, afin que le maître de maison, debout devant la tablée assise, puisse s'en emparer de la main gauche tandis qu'il tranchait la bête de la main droite avec un couteau d'argent assorti. On voit le raffinement. Le manche à gigot était une chose très pratique pour ceux qui cherchaient à faire un cadeau de mariage original, si bien que dans les bonnes familles il y avait souvent plusieurs de ces ustensiles. On les trouve à présent dans les vide-greniers et les badauds s'en saisissent, les retournent en tous sens en se demandant bien à quoi cela peut servir.

Le manche à gigot faisait partie de ces éléments d'un trousseau dont on peut se passer mais qui font tout le chic d'une bonne maison : la pince à sucre, le ramasse-miettes, la clochette de table, le seau à champagne, les porte-couteaux, les vases en cristal de différentes hauteurs. Les draps brodés, les serviettes nid d'abeille. Tout ce qui nécessite ensuite un soin particulier, dédié aux domestiques, mais bientôt, on va le voir, plutôt à la maîtresse des lieux, débordée et fourbue à force de frotter tant d'argenterie et d'amidonner tant de linge.

Il était évident que tout cet attirail venait d'un autre temps et qu'on glissait vers une simplification de la vie quotidienne dans les classes friquées, simplification à laquelle elles n'échappèrent pas. Pourtant, tout ce qui vous emmerdait la vie eut la vie dure. Les manières de table, qu'on inculquait aux enfants comme s'il en allait de leur survie, les réceptions qu'il fallait rendre, tout le tralala. Cela faisait partie de ce que l'on nomme d'un mot presque oublié : le train de maison. Dans celui-ci, la domesticité était une chose évidente, pour mes grands-parents par exemple, et le couple qui partagea leur existence était autant inséparable d'eux que le manche à gigot. Avoir chez soi un ménage à demeure, plus un jardinier, un chauffeur, une femme de charge, tel était pour eux le régime dans l'entre-deux-guerres. Ils gardèrent ensuite les seuls Jeanne et Georges, que nous autres enfants devions aller embrasser à l'office à notre arrivée avant d'enlever nos manteaux. Petite fille, dans la plupart des maisons bourgeoises, j'ai connu une bonne, dont on se plaignait en général beaucoup. Je repérai vite la bêtise ambiante à la façon dont la maîtresse de maison parlait de sa servante, sujet de conversation facile, au café avec les autres dames tandis que les messieurs causaient affaires. Les bonnes furent campagnardes longtemps, puis espagnoles, puis portugaises, puis venues de pays que l'on situait mal. On leur reprochait d'avoir de l'hygiène une conception différente, et bien entendu aucune connaissance du manche à gigot.

Des années plus tard, l'un de nos ministres, se souvenant sans doute de son enfance, voulut réinventer la domesticité pour enrayer le chômage et la montée des loyers, mais personne ne marcha, on n'allait pas quand même hypothéquer sa vie pour des clopinettes, se lever à l'aube pour porter les cafés au lit, sortir les poubelles avant d'aller dans le sien, dans la chambre la moins bien exposée de la maison. Les larbins permanents devinrent donc une rareté, très onéreuse et réservée aux people et à des vieilles dames richissimes qui ont perdu la tête. Comme ils sont tous des perles dont on ne peut se passer, ils profitent sans vergogne de la situation, ce qui est non seulement bien normal, mais aussi un juste retour des choses, après des siècles de servage au rabais.

La bourgeoise se vit donc dans une situation désespérée : il fallut pallier le manque de personnel, se contenter de quelques heures de femme de ménage et pour le reste se retrousser les manches. Il y eut donc tout un temps où les journaux féminins donnaient des conseils d'organisation aux ménagères à blé afin qu'elles ne soient pas exposées à un manquement qui les aurait abattues pour toujours. Bref, il fallait garder la face, bomber comme une folle toute la journée pour le soir, parée et fraîche, recevoir les invités comme si de rien n'était, les verres de Baccarat scintillant dans la lumière des bougies.

Puis la bourgeoise devint elle-même un objet de curiosité, il n'en restait plus guère. Sa grande sœur, la grande bourgeoise, s'en sortit magnifiquement, mais quand on a les moyens, c'est pas trop difficile. La plus petite bourgeoise vit fondre le budget que lui allouait son époux. Bref, deux salaires valent mieux qu'un, les journaux féminins insistèrent plutôt sur le fait que le travail était l'accomplissement de la personnalité féminine, dans un monde où les femmes allaient prendre leur revanche.

On vit alors, surtout dans les grandes villes, le nouvel avatar de la bourgeoise aisée : souriante et toujours en forme, on disait alors superwoman, elle se précipitait d'une tâche à l'autre, infatigable. Elle remplissait trois rôles à la fois : mère de famille, professionnelle de pair, et gardienne d'une culture qui ne dédaignait pas la tradition. La nappe fraîche et le vin carafé, les fleurs sur la table et le foie gras poêlé, après la journée au bureau. Une vraie Parisienne.

Une telle perfection est chose admirable. Quelques dégâts mineurs, *burnout* ou divorce qui parfois survenaient, n'entachent pas ce noble effort, que les journaux féminins saluèrent comme étant la libération tant attendue de la Femme. Pourquoi ne l'avaient-ils pas dit plus tôt des véritables pionnières du travail féminin : agricultrices jamais rétribuées, ouvrières d'usine payées au plus bas, employées fidèles qui n'avaient pas de primes et petites bonnes qui pendant si longtemps frottèrent vaillamment des manches à gigot ?

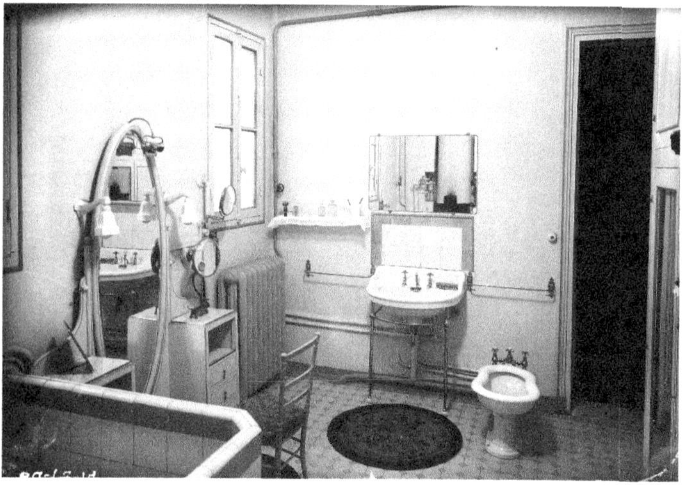

Roger-Viollet / Albert Harlingue

Le bidet

C'était un objet peu ragoûtant et pourtant on le trouvait presque dans toutes les maisons qui possédaient le confort moderne. Il avait été précédé par un bassin sur trépied, qui avait le même nom et la même fonction, guère avouée et apparemment appréciée, la contraception maison et sans garantie aucune. Comme son compagnon le pot à lavement, il était alors en émail blanc souligné d'un liseré bleu. Sous sa forme élaborée c'était un petit lavabo bas, destiné à y tremper les fesses, mais on pouvait aussi bien s'y laver les pieds, et même y faire pipi si on voulait. Il fut considéré comme une avancée notable de l'hygiène et le fait que l'on ne le relègue plus dans les bordels mais qu'il fasse partie du mobilier de toute bonne maison révélait que l'Église catholique avait marqué une défaite. Elle finit toutefois par renoncer à bannir cette vasque en fermant les yeux sur son usage, qui lui semblait plus conforme aux voies du Seigneur que la pilule. Voilà pourquoi on le trouve encore, et même sous une forme élégante et moderne, dans certains de nos pays méditerranéens. Ainsi naissent peut-être en ces contrées croyantes quelques bébés-bidets, mais à vrai dire j'en doute, à voir les chiffres catastrophiques de la fertilité féminine dans la zone méridionale de notre vieille Europe.

En Gaule on en voit encore dans les auberges qui ne sont pas rénovées et dans les vieilles bicoques. Mais la salle de bains française les a bannis pour de bon. La contraception se passe splendidement de lui et c'est tant mieux. L'hygiène quant à elle est devenue pléthorique, douches à l'italienne où on s'asperge d'eau comme des naïades, jets multiples et compliqués, et même parfois bain à bulles à domicile. La consommation de savon est exponentielle, on se récure tous les jours, on se frotte et s'encrême, on se frictionne et on se lotionne. Je me souviens de la salle de bains chez mon arrière-grand-mère, elle avait été aménagée dans une ancienne pièce de passage au premier étage, elle donnait donc sur chambres et vestibules par de multiples portes. Un chauffe-eau antique déployait ses tubulures de cuivre dans le recoin où se trouvait la baignoire de fonte émaillée, posée sur quatre pieds en forme de pattes de lion. Comme le chauffe-eau marchait au gaz, il était réputé extrêmement dangereux et je ne l'ai vu en marche que lors de la visite annuelle de la grand-tante qui se faisait forte de se souvenir depuis l'enfance de son fonctionnement. Tout le monde la voyait pénétrer la salle de bains avec une appréhension bien compréhensible, car si elle sautait, la maison sautait avec elle. Quant à mon arrière-grand-mère, elle ne montait plus depuis longtemps au premier étage de son immense maison et sa toilette se faisait debout devant le lavabo majestueux du vestiaire d'en bas. Chez mes grands-parents protestants on faisait ses ablutions dans le cabinet de toilette (où il n'y avait pas de bidet), et une fois par semaine on chauffait la salle de bains, les enfants profitant tous de la même eau, l'un après l'autre dans la baignoire, le dernier n'était donc pas gâté. Il me semble qu'il y avait une différence sensible, je parle ici de sens au sens propre, entre l'odeur de ma famille paternelle, celle qui possédait le chauffe-eau dynamite, et l'odeur de ma famille maternelle, qui, malgré les bains des mouflets dans la même eau, sentait bien plus la rose.

Du côté de ma mère comme de mon père, nous étions en terre bourgeoise. Dans les classes populaires l'hygiène corporelle n'était pas moindre, mais comme chacun pouvait le constater, dans les tramways par exemple, le corps qui travaille ne le fait pas sans signaler par ses humeurs qu'il ne trime pas sans peine. Le soir devant l'évier de la cuisine les hommes se débarbouillaient, les femmes venaient ensuite, et le samedi on prenait un tub : debout dans une grande bassine plate on se versait l'eau tiède d'un broc sur le corps, se savonnait avec une éponge que l'on ne savait pas trop où balancer ensuite, et on se rinçait, opération difficile à réussir tout seul. Les mères frictionnaient vigoureusement les marmots qui répondaient à ce manque de tendresse par des cris d'orfraie. Il fallait se mettre à deux pour vider le tub dans la cour, puis rebelote, faire chauffer l'eau sur le feu, la verser dans le broc, retrouver l'éponge mousseuse dans un coin poussiéreux, et passer au suivant. La cuisine étant devenue une vraie piscine, la mère devait la nettoyer après son propre tub, ce qui ruinait immédiatement tout le profit qu'elle en avait tiré. Dans les villes les bains douches étaient, de façon étonnante, fréquentés surtout par des célibataires, comme si les familles étaient censées se débrouiller toutes seules.

Vu la pénurie générale, le bidet, on l'a compris, fut accueilli comme bénédiction. Outrepassant son utilité dans la réduction des naissances inopportunes, il lava des orteils douloureux, des zizis ramollis, et fut le lieu de bains de siège, je n'ai jamais bien compris en quoi la chose consistait, mais on lui attribuait des vertus médicales dans des affections aussi diverses que les hémorroïdes, les coliques, l'insomnie et l'irritabilité. À cause de la proximité gênante avec des sphères intimes qu'on n'affiche pas trop, le bidet n'est jamais parvenu à vraiment s'anoblir. A posteriori on est même un peu étonné qu'il y ait eu une si grande mode du bidet, qu'il se soit introduit jusque dans les chaumières. Dans les petits hôtels il trônait dans le cabinet de toilette qu'on avait aménagé dans la chambre même, et comme la plupart du temps il fuyait doucement, on s'affairait penché sur sa robinetterie, les cheveux en désordre, la tête flottant entre deux sommeils. Parfois il se cachait sous la tringle qui refusait bêtement de porter les serviettes contre le lavabo, elle était de traviole, les serviettes glissaient dans le bidet qui fuyait, cela faisait une scène à la Tati, à voir au ralenti.

Il ne fut jamais beau, il n'était même pas drôle. Je me demande bien ce qu'on a pu en faire, de ces milliers de bidets français, peut-être s'entassent-ils dans quelque entrepôt, attendant que quelqu'un ait enfin une idée qui lui donne la grâce qu'ils n'ont jamais connue. Ou bien plongés dans des abysses marins, rendus enfin à l'élément liquide, ils abritent des poissons qui rêveusement passent d'une vasque renversée aux robinets d'une autre. Ou encore, enfouis dans des fosses communes, ils attendent patiemment l'heure où les archéologues de demain viendront les découvrir et ne sachant qu'en penser, échafauderont des hypothèses multiples. Peut-être l'un d'eux prétendra-t-il qu'ils furent objets de culte d'une déesse oubliée, leur donnant une gloire qu'eux-mêmes n'attendaient plus.

La formule de politesse

L'une des premières choses à apprendre dans notre Gaule, administrée depuis tant de siècles avec tant de brio, était il y a peu de temps encore le maniement des formules de politesse. C'était un art d'une subtilité extrême dont même les plus balourds ne pouvaient se passer. Une lettre pouvait être confuse, verbeuse, mal tournée, dans une pirouette ultime elle se rachetait, elle emportait l'adhésion, elle convainquait *in extremis*, elle engageait le destinataire à au moins la relire. On comprend que le choix de la formule de politesse était bien plus important que l'exposé clair de l'affaire. Pour le néophyte il n'y avait rien de plus embarrassant. Laquelle utiliser, fallait-il prier d'agréer l'expression de ses sentiments respectueux ou plutôt sincères, fallait-il intercaler dans le paquet un cher Monsieur bien senti ? Au fond ne valait-il pas mieux prier d'agréer des salutations, et celles-ci devaient-elles être meilleures ou distinguées ? Devait-on remercier à l'avance ou assurer de toute la gratitude pour la peine que l'on prenait pour vous ? Lorsque la lettre commençait par Chère Madame, pouvait-on oser même parler de sentiments sans risquer de froisser la matrone en question ?

Et que dire des lettres de recommandation, indispensables au système de piston qui depuis les Romains permettaient au vulgaire pecus de sortir de l'obscurité, la méritocratie que Buonaparte avait essayé d'introduire dans ce clientélisme atavique n'ayant jamais réussi à s'imposer vraiment. Bref, il était recommandé de savoir tourner sa bafouille avant de l'envoyer aux gens qui avaient de l'entregent. On n'avait pas toujours directement des « relations » mais il était rare que l'on ne connaisse pas quelqu'un qui connaissait quelqu'un qui en avait. Par ce réseau clandestin on arrivait parfois à passer une ou deux étapes du parcours administratif, à gagner un temps précieux donc. Les gratte-papiers étaient autant de caps à franchir dans la grande aventure de ce qu'on appelait les « démarches ». Il est remarquable de constater que la république, jusqu'à un temps assez récent, avait perpétué l'aura qui en des temps plus anciens entourait les fonctionnaires royaux, lesquels achetaient leur charge et se trouvaient donc en position légitime pour emmerder tout leur soûl la population dont justement ils étaient chargés. Seuls quelques idéalistes, souvent lettrés et en général hommes de devoir et de probité, se trouvant un peu par hasard au sommet des hiérarchies, se considéraient comme des serviteurs de l'État. Les autres estimaient qu'ils ne devaient rien à personne, et que les quidams leur devaient tout. Cette conception très gauloise du fonctionnement du pays, bien qu'elle eût, comme nous venons de le dire, un long passé, provoquait la stupéfaction des sujets des monarchies européennes, qui sont, de ce point de vue, autrement démocrates que notre Grande Nation. Lorsqu'un Belge ou un Anglais décidait de résider dans notre belle France, il lui fallait découvrir que la mairie, le Fisc, la Poste, l'assurance sociale n'étaient en rien des institutions destinées au bien-être ou à la sécurité des citoyens, mais des bastions à conquérir à coup de formulaires en triple exemplaire, de visites humiliantes aux guichets, et surtout, de lettres qui se terminaient par des formules de politesse à rallonge.

L'Italie a poursuivi la fière tradition romaine, et les *statali* restent des êtres à part, entourés de respect et secrètement maudits. Chez nous, la sacro-sainte bureaucratie a quand même pas mal morflé, d'abord parce qu'elle s'est retrouvée subordonnée à celle de Bruxelles, et là, plus moyen de faire le malin, l'ordre venant de plus haut qu'en haut. Dans ces terres du Nord on sifflait un tout autre air, et, en principe du moins, il était entendu que l'administration est au service des citoyens et pas le contraire. Cet effet correctif toutefois aurait parfaitement pu n'être que passager et la bonne tradition de harcèlement paperassier à la moindre demande ou sollicitation continuer bon an mal an. Mais voilà que l'État, dont pourtant l'administration est le pilier le plus ferme, décida qu'il fallait « dégraisser le mammouth ». Catastrophe, les effectifs commencèrent à régresser, sauf dans certaines villes du Sud qui ne renoncent pas si vite à la grandeur de leur Histoire. Puis on s'avisa que l'invention de l'internet était miraculeuse : les administrés pourraient dorénavant s'administrer eux-mêmes. On fit appel d'offres aux spécialistes du numérique, on choisit bien entendu le mieux disant, le moins cher autrement dit, et les plateformes qui virent alors le jour pour enregistrer tout et n'importe quoi, un décès, une naissance, une demande de passeport, une carte grise, un sinistre ou un vol, la perte d'un emploi et le désir d'un autre, ces systèmes soi-disant magiques se révélèrent inefficaces : on y passait des heures, on tournait en boucle, on cliquait cent fois sur la même icone et ça ne donnait rien. On regretta bien fort le temps béni des heures passées dans des salles d'attente sans fenêtres, avec à la main le double de la lettre qui se terminait par la formule de politesse qu'on avait mis si longtemps à choisir.

Il faut avouer que les choses se sont un peu arrangées, on s'administre avec plus de souplesse, et si l'on envoie encore ici ou là, comme par nostalgie, quelque lettre dont le cachet de la poste fera foi, on ne s'embarrasse plus d'expressions alambiquées et obséquieuses. La rapidité anglo-saxonne a eu raison de toute cette rhétorique, on termine par un « sincèrement », au mieux un « cordialement » et la chose est entendue. C'est sympathique, c'est franc et vigoureux comme un bon *shake-hand*. Et pourtant on se plaint d'un vide, de quelque chose comme une déshumanisation, on ne voit plus que l'écran de son ordinateur, et, de victime de l'administration, on en est devenu un rouage. Lorsqu'à bout de nerfs on trouve un ultime fonctionnaire oublié au fond d'un couloir mal balayé, qu'on l'aborde tout de go, le rendant responsable des heures passées en vain sur des sites improbables, il vous regarde d'un air contrit, presque repentant, et du coup on n'a guère le cœur à crier davantage, encore moins bien sûr à prier d'agréer des salutations respectueuses, on a simplement envie de dire au pauvre type qui a déjà les larmes aux yeux : c'est pas grave, non, ce n'est rien, je vais me débrouiller.

Gamma-Rapho / René Maltête

Le bénitier

Autrefois il y avait dans beaucoup de maisons, souvent près de la porte des chambres à coucher, un petit bénitier en faïence, de facture naïve et charmante. Cet objet me fascinait enfant, car, d'éducation protestante, j'étais sevrée de tous ces rituels bizarres dont j'avais entendu dire, dans des moments où l'un ou l'autre membre de ma famille parpaillote s'autorisait un écart, qu'ils étaient des mômeries de papistes. Toutefois la règle était qu'on se permette un sourire et s'interdise les commentaires. J'admirais bien sûr la rigueur froide du culte, où je m'ennuyais ferme, mais la messe était un cérémonial somptueux pour moi et j'étais curieuse plus encore de toutes ces petites choses réparties chez les gens, le bénitier dont je supposais l'eau transportée avec d'infinies précautions de l'église à la chambre, les rameaux de buis entrecroisés et fixés au mur, et le crucifix avec le corps supplicié (les croix protestantes ne représentent pas le corps du Christ), qui m'inspirait une terreur à chaque fois renouvelée. Le crucifix lui aussi affectionnait les chambres et répandait au-dessus des couches conjugales un halo de deuil que je trouvais cocasse. Le calvinisme étant en France une survivance étrange, après les efforts de la couronne pour l'éradiquer, j'étais assez isolée à l'école et j'enviais mes petites amies qui portaient presque toutes des médailles pieuses en or, lesquelles représentaient la Vierge Marie, surtout son profil voilé et serein. Parfois elles se querellaient comme des chiffonnières, elles devenaient rouges d'excitation, prêtes à en venir aux mains, et il me semblait que la sérénité mariale qui brinquebalait à leurs jeunes cous avait du mal à s'imposer. Et il y avait cette splendeur dont je serai toujours privée, la communion solennelle, les petites filles en robe d'épousée. Curiosité, étonnement ou envie, terreur ou ravissement, en un mot l'attirail de la foi romaine était pour moi source inépuisable d'émotions diverses.

Le bénitier a disparu des maisons, du moins en France. En Espagne ou en Italie on doit encore en trouver, plus rares certainement. Les potiers de Triana, à Séville, s'en étaient fait une spécialité, mais j'ai constaté que depuis quelques années ils avaient laissé place à des chambres d'hôtes de charme et des restaurants chics. Les crucifix ne font plus partie non plus de la chambre nuptiale. Les médailles elles aussi sont introuvables, alors qu'elles assuraient un revenu presque fixe aux orfèvres des petites villes. Tant de choses qui semblaient immuables se sont dissipées dans l'indifférence générale. Les processions, beaucoup de fêtes corporatives, le jour du saint patron, et même le catéchisme dont j'étais exclue et qui faisait partie du programme hebdomadaire prévu par l'éducation nationale.

Alors que la Sainte Église Apostolique et Romaine avait veillé sur le quotidien de ses ouailles depuis la nuit des temps, nous la vîmes de nos yeux devenir invisible : les curés renoncèrent à la soutane qui ondulait au vent des cimetières, les religieuses à leurs extraordinaires cornettes de linge amidonné qui passaient dans les rues comme de grandes voiles, et dans les maisons on ne voyait ni bénitiers, ni crucifix, il n'y eut plus au mieux que les photos des communiants posées sur les bahuts, enfants en aube blanche agenouillés sur des prie-Dieu, les mains jointes dans une prière silencieuse à laquelle ils ne croyaient plus guère. Les marchands de bondieuseries de la place Saint Sulpice à Paris se firent la malle, plus rien ne se vendait, le scapulaire était devenu un objet de curiosité, le chapelet n'avait plus aucun débouché, et même les statues de Jeanne d'Arc en plâtre s'écoulaient au compte-gouttes. Ce dernier marché fut sauvé de justesse par un parti politique qui s'était mis en tête de relever la mémoire de notre sainte pucelle.

Les églises se vidèrent, puis on les ferma tout simplement pour éviter les vols des objets du culte. Les cloches ne carillonnèrent plus les offices dans les villages, parce que le curé avait une tournée de dizaines de kilomètres à faire tous les dimanches et même motorisé ne pouvait rivaliser avec l'ubiquité divine. Le temple protestant ne fut pas épargné, il se vida aussi, la déchristianisation semblait être générale. On interdit que le grand bénitier de nos étonnantes cathédrales soit rempli d'eau sacrée, pour des raisons d'hygiène, ça ne se discute pas. Le discrédit tomba enfin sur les pauvres hommes d'Église sur lesquels les médias s'acharnèrent comme pour leur faire payer les deux millénaires durant lesquels ils avaient prétendu détenir le monopole du Verbe.

Avec la disparition de la faucille et du marteau, celle du bénitier fut l'événement le plus surprenant que nous ayons vécu. Comment cela, une institution si vénérable et qui avait depuis longtemps peaufiné sa pratique du pouvoir, s'insinuant jusqu'au tréfonds des âmes, comment une telle puissance put-elle s'écrouler comme fétu de paille ? Faut-il fêter la fin de l'assujettissement ? Se réjouir comme au lendemain d'une libération ? Sommes-nous enfin devenus adultes, sans amulettes et sans hochets ? Serons-nous les pionniers d'un monde sans l'éternel Père, sans l'encombrant Seigneur ?

J'aimerais y croire. Mais, bien sûr, cela ne serait qu'une croyance de plus, tant il est vrai que nous en avons besoin, nous sommes incorrigibles.

La manivelle

Dans la traction avant de mon père, deux accessoires étaient indispensables : le cric et la manivelle, inséparables et providentiels. On crevait, et c'était toujours un petit drame, les enfants et la mère consternés étaient priés de se taire, ils formaient un groupe contrit sur le bas-côté de la route, toute l'attention se portait sur la délicate opération de la levée de la voiture, qui, comme un gros scarabée blessé, loin de se lever semblait s'affaisser lentement d'un côté, puis venait le dévissage de la roue, pratiquée avec une clef sur laquelle mon père donnait de furieux coups de pieds, les écrous étant bloqués de stupide façon. Toutefois on savait qu'au prix d'efforts presque surhumains on s'en sortirait, on roulerait lentement jusqu'au prochain garage, avec le soulagement des marins qui rentrent au port après la tempête. S'il fallait sortir la manivelle c'était une autre histoire : on n'était pas encore parti, la voiture avait mystérieusement refusé de démarrer et pour lancer le moteur il ne restait plus que la force musculaire du conducteur. C'est dire que tout en dépendait. La traction avant redevenait cougourde et le miracle de la mécanique s'avérait illusion. Donner un tour de manivelle était en outre très dangereux car pouvait se produire l'affreux retour qui cassait un bras comme si c'était une allumette. L'auto révélait alors son véritable caractère, monstrueux.

Les voyages en traction avant étaient pourtant une sorte d'aventure libératrice, nous partions à cinq, laissant derrière nous les hautes cheminées de notre ville industrielle, nous parcourions peu de kilomètres par jour, toujours par de petites routes, car mon père avait une trouille bleue de la circulation et chérissait les paysages changeants de notre belle Gaule. L'atmosphère au départ était toujours joyeuse, nous entonnions en chœur des chants idiots. Les enfants étaient juchés sur des valises à l'arrière et avaient une vue dégagée sur les champs et les bois. L'inquiétude de mon père ne se manifestait qu'à l'approche des villes, qu'il fallait contourner grâce à l'astuce et les cartes maniées par ma mère, et surtout à l'approche des montagnes car il ne fut jamais sûr, même longtemps après la traction avant, des capacités de son véhicule. On s'arrêtait de parler comme au cours des crevaisons et on tendait la narine pour repérer le plus vite possible l'odeur maléfique. En général mon père disait le premier : les enfants, le moteur chauffe ! L'anxiété s'était déjà répandue dans tout l'habitacle dès les premiers tournants en épingle à cheveux, elle atteignait maintenant son comble car la route étroite et sinueuse n'offrait que de rares endroits où déboîter, ouvrir le capot, laisser s'échapper la fumée et attendre que le radiateur bouillant refroidisse avant de pouvoir recevoir l'eau qu'il fallait souvent prendre du torrent le plus proche, car on n'en avait plus. Les montées étaient donc hautement périlleuses et on se sentait entièrement livré aux caprices du monstre. Mais les descentes avaient leurs semblables dangers, les plaquettes de frein chauffant aussi mais dégageant une odeur différente. Le soir, dans le petit hôtel un peu minable où nous dormions, car mes parents roulaient en traction avant mais pas sur l'or, nous étions très heureux d'avoir avec bonheur surmonté les périls du jour, on se détendait dans l'attente des surprises du lendemain, qui peut-être commencerait avec la manivelle.

Il y avait sur les routes des véhicules antiques, des Rosalie, des vieilles Peugeot, du matériel routier récupéré des surplus militaires américains, ça fumait, ça crachait, et mon père disait d'un ton excédé : encore un qui ne règle pas bien son carburateur. Les sages injonctions du code de la route n'étaient respectées qu'à l'approche de la maréchaussée : on doublait dans les virages, en haut des côtes, on faisait des tête-à-queue, on s'énervait derrière les charrettes paysannes, on traitait les nombreux vélos campagnards comme quantité négligeable. Pour la plupart des conducteurs, leurs congénères constituaient la masse des chauffards ou des amateurs du dimanche, on était soi-même au-dessus de tout soupçon. Le moindre accrochage donnait lieu à des altercations de messieurs qui criaient d'abord au scandale avant de vérifier s'il y avait des blessés. Bref, la route était une arène, malheureusement souvent sanglante, et nous comprenions parfaitement le goût prudent de notre père pour les vicinales.

L'ambiance de corrida se renforça encore après l'abandon de la manivelle, que seule la 2 CV garda, en souvenir des temps héroïques. La France s'était motorisée, ce qui n'avait d'ailleurs pas amélioré ni l'état des bagnoles, souvent en rémission, ni les mœurs routières. La possession d'un véhicule à moteur devint la norme, dans quelques pays d'Europe l'automobile se hissa au rang d'objet sacré, mais chez nous curieusement elle garda, hormis la 2 CV qui fut toujours une exception qu'on ne manquera pas de saluer au passage, quelque chose de la fierté triomphale du char romain (eh, oui). Elle se prêtait aux performances, et on calculait les « moyennes », qu'on comparait à celles des copains, à l'heure de l'apéritif. L'hécatombe glorieuse atteignit des sommets jusqu'au jour où le gouvernement se rendit compte qu'il s'agissait bien là d'un problème public. Les règlements se mirent alors à pleuvoir sur les conducteurs qui, loin de ressentir toute leur bienveillante nécessité, furent ulcérés d'une telle incursion dans leur espace privé et crièrent à la perte de leur libre arbitre. Les étrangers ne pénétraient nos routes qu'avec une sorte de terreur, et seul l'attrait de la Gaule éternelle et pittoresque sauva leur flot automobile et porteur de devises.

L'intervention des femmes, qui du temps de la manivelle avaient quand même un peu de mal à se sentir à l'aise, fut de ce point de vue une vraie solution. D'abord vivement rejetées comme incapables par nature de s'asseoir derrière un volant, elles firent tranquillement leur petit bonhomme de chemin, et la guerre à outrance s'apaisa quelque peu. On vit dans les 2 CV des cornettes de nonnes et dans les Simca de respectables mères de famille négociant leurs virages dans la sérénité. Bientôt une surprise les attendait : les compagnies d'assurance, en baissant pour elles leurs exorbitants tarifs, leur rendirent un hommage qui sidéra ces messieurs qui virent brusquement le coût financier de leurs débordements, après en avoir si longuement ignoré le coût humain. Le gouvernement, toujours un peu en retard sur l'évolution des choses, profita de l'occasion pour mater la horde, avec plus ou moins de bonheur. On limita, on brida, on canalisa, on ligota enfin le conducteur et ses futures victimes dans l'habitacle maintenant climatisé. On peut dire qu'il s'agit là d'un véritable progrès, du temps de la manivelle le mâle mal était patent, il n'est plus que diffus. Mais, mesdames, de grâce, ne mollissons pas, gardons notre sang-froid, lambinons doucement entre les glissières, arrêtons-nous longuement à tous les carrefours, flânons avec paresse le long des prés fleuris, pour vaincre la superbe il faut prendre le temps.

Roger-Viollet / Musée Carnavalet / Édith Gérin

La pissotière

Les hommes pissaient en public, il est à présent rare de les voir à cette œuvre, parfois au bord des nationales, et encore. Petite fille, le privilège masculin de pouvoir se soulager à tout moment me semblait révoltant, pour nous la nature rendait la chose aussi facile, pourquoi nous imposer la recherche affolée d'un coin à l'abri des regards, et la peur d'être prise en flagrant délit ? Cette inégalité, fondée sur la pudeur prétendument liée dès l'enfance à notre sexe, me semblait l'injustice la moins acceptable.

La prodigalité en cette matière étant incontrôlable, pour éviter que les rues souillées par de tels débordements ne deviennent nauséabondes, on établit dès 1830 des pissotières dans les villes, et bien entendu elles furent réservées aux hommes. C'était des édifices de formes diverses, parfois bâties en colimaçon, il fallait suivre tout un parcours pour accéder enfin au réceptacle, cette précaution étant prise pour ne pas offenser la célèbre pudeur des dames et ne pas provoquer la curiosité de leurs petites filles. Les hommes se soustrayaient un moment à leurs chères compagnes qui faisaient mine de ne s'être aperçues de rien. L'élégance était sauve. Ainsi sur les grands boulevards de la capitale les pissotières garnirent vite les trottoirs, d'abord camouflées dans des colonnes Morris, puis affichant sans vergogne leur utile fonction. Ces petits temples de l'hygiène étaient souvent en tôle, joliment ajourée sur le haut, lequel se terminait par une gentille frise lancéolée, ils étaient peints en vert, ou, plus sévèrement, en bistre avec une grande bande noire vers le sol. Les chalets de commodité dans les parcs avaient du personnel, une madame pipi redoutable à laquelle il était difficile d'échapper, par contre les pissotières, appelées vespasiennes (on voit ici encore la durable influence que les Romains eurent en Gaule), étaient gratuites, ce qui en fit rapidement le lieu de rencontres interlopes.

Dans les villages où le maire était radical-socialiste, on satisfit aux besoins naturels dans des pissotières systématiquement installées contre le mur de l'église, pour faire râler Monsieur le Curé à peu de frais, l'eau qui coulait en permanence faisant un gargouillis agaçant que l'on entendait même du chœur. Dans la petite ville de mes grands-parents, il y en avait une dans la ruelle qui descendait à la rivière, juste devant une des fenêtres de la grande cuisine. Elle était ancienne, n'avait pas l'eau éternellement courante, était peu fréquentée, mais elle restait l'objet de blagues gênées, comme si sa simple vue exigeait des excuses. La vie domestique de la vaste maison, extrêmement réglée et harmonieuse, était profondément troublée par l'édifice incongru, c'était une verrue qu'on acceptait avec peine et qu'on tentait de cacher sous une ironie de circonstance. Mais puisqu'elle était là, la pissotière !

Ma mère avait bien sûr interdit à mon petit frère d'entrer dans ces endroits. Il y en eut un moment partout, les vieilles de tôle peinte, déjà touchantes et désuètes, les neuves de béton, glauques et assez puantes. Mais, neuves ou vieilles, elles trouvèrent des hommes de lettres qui surent les chanter car elles étaient le lieu d'amours éphémères, de plaisirs interdits, de désirs obscurs. Elles étaient passées vite de pagodes de l'hygiène à grottes de la perversion. On m'apprit qu'il fallait changer de trottoir à leur approche, et je m'imaginais des géants déculottés qui pouvaient en sortir à l'improviste, le sexe brandi comme une arme devant eux.

Ainsi donc, loin de se cacher derrière de gracieux paravents de tôle, le zizi masculin affirmait sa présence, et le simple urinoir devenait le repère de satyres lubriques et de pédophiles en puissance. Il fallait mettre un terme à un tel dévoiement de l'espace public, on inventa les toilettes fermées. Chirac maire de Paris, dans le même élan qu'il introduisit sur les trottoirs déjà encombrés un engin qu'on nomma motocrottes, décida la sanisette. Pour la première fois les dames purent se soulager sans s'immiscer en douce dans les cafés, mais curieusement, on décréta aussi qu'une obole devait consacrer ces nouveaux temples aseptisés. Les hommes crièrent au scandale et on en vit beaucoup pisser au coin des rues.

On pourrait croire que tous ces désordres ont pris fin, que le regard des délicates n'est plus blessé ni par la pissotière, ni par l'homme pissant à la sauvage. Et pourtant la narine est offensée souvent, des effluves suspects s'échappent des recoins, dans les cités de province aux centres sinistrés, dans les escaliers des malls commerciaux, dans les profondeurs des parkings souterrains. L'été on ne peut plus l'ignorer : nos villes sentent le pipi. Aucun progrès donc, retour à la case zéro. Et dire qu'on a rasé tant de ravissants édicules, gloriettes des trottoirs, tant de pavillons dans le style hispano-mauresque, perles de nos boulevards, tant de charmants chalets de nos nécessités ! Quel gâchis !

Le brassard de deuil

Le brassard de deuil était un large ruban noir que les hommes portaient au bras gauche et qui signalait à tous leur état. Je n'en ai plus vu depuis longtemps. Comme je n'ai plus vu de femmes en deuil, toutes de noir vêtues. Les teinturiers de mon enfance vivaient de la mort des autres : les femmes leur portaient leur garde-robe au trépas de leurs proches. On n'avait pas tant de vêtements que ça, il fallait faire avec l'existant et la laine et le coton se teignaient facilement. Les hommes souvent se contentaient de ce ruban, celui que l'on voit si souvent au bras des jeunes garçons, sur les photos de famille prises durant et après la Première Guerre mondiale. Le deuil se portait et je me demande pourquoi on ne le porte plus.

Le deuil n'était pas une affaire personnelle, il n'avait rien à voir avec le chagrin, la déroute de l'âme, la panique de l'abandon. Le deuil était une affaire publique qui justement était conçue comme garde-fou à la peine solitaire. En affichant son statut d'endeuillé, le veuf, l'orphelin ne réclamait pas l'attendrissement, ni même l'attention, il ne faisait pas état de sa déréliction. Il prenait le deuil parce qu'il était quasiment obligé, par une contrainte qui avait la force d'une loi il lui fallait signaler aux autres que la mort avait frappé chez lui. De cette manière sa souffrance, qu'il continuait de ressentir de manière intime, acquérait comme une façade officielle, derrière laquelle il pouvait la cacher. On était veuve, veuf, ou orphelin, cela se savait tout de suite, et l'on n'était que rarement assailli de questions. Une sorte de distance respectueuse s'établissait, un sas de silence et de repos qui permettait à l'endeuillée ou à l'endeuillé de reprendre ses esprits, et surtout d'aller seul tranquillement jusqu'au bout de sa douleur, pour pouvoir, s'il le pouvait, rejoindre les autres. Certaines et certains gardaient le deuil jusqu'au bout. Lorsqu'on quittait le deuil, il était entendu qu'on se sentait apte à reprendre vie.

Ces coutumes peuvent aujourd'hui nous paraître indécentes : on aurait plutôt tendance à rester dans son coin et à traiter la question avec ses propres forces, sans brassard. Tout seul, comme un grand, sauf que l'on se retrouve la plupart du temps chez le toubib, qui vous regarde d'un air fraternel et vous refile une prescription d'antidépresseurs. On traite le chagrin comme si c'était une maladie, une chose anormale et dangereuse qu'il faut enrayer au plus vite. De la même façon d'ailleurs que l'on traite la mort, l'anomalie par excellence, qu'il convient d'escamoter au plus vite. Tous les rituels qui l'entouraient ont pratiquement disparu, les tentures noires aux façades des maisons des défunts, le corbillard étrange avec ses chevaux décorés de plumettes, ses ornements aux quatre angles du toit, le cortège funèbre qui les jours de mauvais temps étirait une ribambelle de parapluies noirs et brillants, les fleurs en couronnes, barrées de leurs rubans, dénuées de la grâce qu'ordinairement elles ont. De nos jours on disparaît en douce, le plus souvent à l'hôpital, puisque c'est là que la mort a son siège. On préfère que les flammes s'occupent de notre dépouille et les cimetières ont à présent de la place à revendre. Ils sont désertés et il est de plus en plus difficile de les trouver dans la jungle de nos villes, et alors que par ailleurs, la signalisation déborde d'informations, rien n'indique où ils sont. Les villages, par une piété émouvante, continuent d'orienter le visiteur fouineur vers leur cimetière, comme pour s'excuser qu'il ne soit plus au pied de leur église, laquelle au demeurant est toujours fermée.

Au chapitre du trépas, nous ne sommes pas brillants. Parce que nous pensons ne pas pouvoir jouer sur tous les fronts : nous avons choisi ce que nous croyons être la vie, pour nous l'agitation, la vitesse, le rythme de la jeunesse, l'aventure. Nous nions la durée, la lenteur, le déclin, et la mort. Cela fait de nous des êtres malheureux car nous occultons l'autre face de notre existence, le revers de la médaille sans lequel la médaille n'en est plus une, nous nions la mort bienveillante et discrète qui est là dès le début, qui accompagne secrètement la vie, la libère du poids de l'éternité et qui la rend légère.

Gamma-Rapho / Paul Pougnet

Le filet à crevettes

Au même titre que le filet à papillon, le filet à crevettes a disparu de l'étal des marchands d'articles de loisirs. On trouve toujours dans les échoppes encombrées en bordure de nos plages le ballon (à présent venu de Chine il n'est plus jamais réputé increvable, mais il faut bien le dire, les Chinois étant des commerçants honnêtes vendent leur camelote en tant que camelote, et si nous l'achetons c'est qu'il n'y a rien d'autre), le ballon crevable donc, les jeux divers en plastique, boomerangs et frisbees, les seaux et les pelles pour les petits enfants, les maillots de bain immettables, les paréos à fleurs de couleurs voyantes. On a beau chercher, pas de filet à crevettes. C'est qu'il n'y a plus de crevettes sur les plages, la chose est simple. Il y a par contre toujours des amateurs de jeux de ballon, la race ne s'est pas éteinte, et le plac, plac incessant, les exclamations qui scandent les passes réussies, les leçons de dribble données par les pères pédagogues suffisent à ruiner, pour un individu un peu contemplatif, toute tentative d'apprécier à sa juste valeur la splendeur grandiose des infinis océaniques.

On le sait, en Gaule, les rivages marins furent très longtemps des lieux réputés dangereux et horribles, d'une laideur d'épave et d'une sauvagerie de tempête. Les Frisons caboteurs, les Vikings prédateurs, les razzias sarrasines, tous ces désagréments venaient de la mer et les ports s'étaient de tout temps fortifiés. Les villages indigènes se planquaient derrière la ligne de dune, ou se perchaient pour voir arriver de plus loin les barbares qui ne venaient que pour tout saccager. Bref, il ne fut longtemps guère question de romantiques méditations face aux flots déchaînés et de la langueur qu'inspirent les couchants marins. Il fallut l'intrépidité des touristes anglais, puis les lubies de l'impératrice Eugénie, puis les chansons de Charles Trenet, pour que la mer que l'on voit danser le long des golfes clairs devienne pour l'ensemble de la population le synonyme exact du mot vacances. C'est ainsi que se précipitèrent dès 1936 les premiers bénéficiaires des congés payés, en un flot cocasse de vieilles bagnoles bourrées de valises et de gosses, flot accompagné de vélos, de tandems, et même de quelques charrettes à cheval, vers le littoral qui immédiatement perdit son aspect effrayant pour se couvrir, en plus des déjà anciennes cabines de plage et kiosques à musique, de marchands de frites et de glaces, de loueurs de tricycles, de vendeurs de ballons de baudruche, de manèges de foire, et bien sûr d'échoppes où l'on trouvait sans problème des filets à crevettes pour petits comme pour grands. Les indigènes tirèrent un profit considérable de leur pugnacité séculaire face aux envahisseurs barbares, qu'ils avaient fini par repousser, afin de pouvoir en ces siècles de prospérité accueillir les nouvelles invasions, touristiques celles-là. Les hordes balnéaires sont prédatrices, elles s'emparent de tout ce qui est à leur portée, mais elles sont constituées en majorité de gogos, ce qui les différencie sympathiquement de la rudesse primitive des méthodes employées en des temps plus obscurs.

Il se développa vite toute une culture de la plage. En général on y arrivait équipé. Car on le sait, le paysage marin est varié, mais à un rythme lent, celui des marées, du changement du vent, des arrivées prévues des gros nuages noirs. Pour l'action, c'est zéro. Il fallait donc s'occuper, car l'ennui reste face à l'océan le véritable danger, insidieux et mortel. D'accord, on est en tête-à-tête avec les éléments, mais une fois qu'on l'a dit on n'a plus rien à dire, à moins d'être poète, et ils ne courent pas les plages. Nous avons déjà évoqué les jeux de ballons, qui devinrent assez vite périlleux du fait de l'engorgement de certaines de nos criques, il y eut la pêche aux moules, chantée elle aussi, qui provoqua pas mal d'intoxications alimentaires, la patiente pêche aux crevettes, on poussait lentement la chose dans la première ligne de vaguelettes et ne ramassait le plus souvent qu'une poignée de coquillages vides parmi lesquels se tortillait de façon répugnante un seul petit animal grisâtre et affolé, il y eut enfin, pour les vrais aventuriers, la pêche dans des embarcations genre scout qui faisaient hurler de rire les indigènes et qui se retournaient facilement. Il y eut l'aquaplane, l'ancêtre du ski nautique, il y eut le jokari, le badminton. Somme toute, l'imagination des fabricants de ce genre de babioles n'avait pas de limite. Cela donnait dans l'ensemble une ambiance résolument familiale, la mère en robe légère et parfois en maillot de bain surveillant depuis son pliant planté sous le parasol les activités sportives de son petit monde enfin libéré des contraintes de la civilisation et s'adonnant aux saines joies de la vie maritime.

Dans les années 1960, une atmosphère nouvelle entoura le mot plage. Alors que jusqu'ici il n'évoquait que des heures innocentes et toute la vigueur du vent venu du large, il s'érotisa brusquement : la plage devint le lieu où l'on montrait son corps. Le maillot de bain avait été un accessoire peu seyant, le plus souvent boudinant, ou s'affaissant en mols plis sur des chairs un peu vagues. À présent le bikini faisait rage, révélant des formes suggestives, puis ce fut le tour du monokini qui lui révéla tout. Les jeunes filles s'achetaient des lotions teintantes pour ne pas paraître blanches aux premiers jours de leur dénudement, les jeunes femmes surveillaient leur poids dès le printemps, on se mit à bronzer en rangs serrés sur les galets brûlants des plages du midi. Avec la hausse générale du niveau de vie, les Français se précipitèrent sur la nationale 7, elle aussi chantée par le susnommé, au risque de perdre leur fragile existence de vacancier dans les multiples accidents de circulation qui s'y produisaient.

C'était une folie. Saint-Tropez devint la Mecque de cette nouvelle religion du bronzage dont Brigitte Bardot fut la déesse, on la savait présente dans le sanctuaire, et tous rêvaient de la voir de leurs yeux, toutefois par une rigueur des rites de ce culte elle restait soustraite aux regards, ce qui n'empêchait pas ces derniers de la chercher partout, donc embouteillages monstrueux que la petite brigade de police locale, devenue célèbre, se révéla incapable de juguler.

Dieu que nous étions loin du filet à crevettes ! Pourtant tout n'a qu'un temps, et cette débauche d'UV sur la peau blanche fut bientôt dénoncée ; Brigitte Bardot changea de foi et se mit à défendre les bêtes, mais étrangement pas les crevettes qui pourtant étaient en voie d'extinction ; Gorbatchev libéra l'Union soviétique de ses chaînes et ses compatriotes enrichis se ruèrent sur la Côte d'Azur, imposant de nouveaux critères esthétiques sur les plages ; la façade atlantique accueillit des nuées de touristes venus des plaines du Nord qui restaient très prudents quant à la pêche aux moules, mais jouaient au ballon. L'eau marine elle-même, autrefois onde inépuisablement fraîche, lieu de la naissance de la déesse Vénus que les Romains (je sais, c'est un peu répétitif, mais c'est une référence incontournable dans la culture gauloise et elle ne coûte pas cher), Vénus donc que les Romains avaient tant vénérée, bref, la mer si pure devint brutalement polluée, on se mit à noter les lieux de baignade et à fermer ceux qui risquaient de tuer les vacanciers qui avaient eu le bonheur d'échapper aux accidents de la route. La Bretagne revint à la mode, on s'y gelait horriblement, mais au moins on n'attrapait pas de coups de soleil, seulement de gros rhumes empêchant les baignades, lesquelles auraient pu être nocives, c'était toujours ça de gagné. En Bretagne il y a des rochers sur presque toutes les plages, et la question crevettes ne se pose même pas.

Le papier gras

Lorsque nous allions pique-niquer, la famille de cinq dans la traction avant, et que nous poussions jusqu'au bois de Phalempin, mon père déclarait à l'avance qu'il faudrait porter les corbeilles au fond des futaies car le long du chemin « c'était plein de papiers gras ». Il s'agissait de papier à beurre, opaque et sulfurisé, dans lequel les amoureux de la nature enveloppaient les tartines qui les sustentaient lors de leurs sorties champêtres. Mais cela pouvait être aussi du simple papier journal sali par un saucisson ou un hareng fumé, voire même pas de papier du tout, des coquilles d'œuf dur, une peau de banane, des épluchures de pomme. Pour beaucoup le papier gras était une hantise, il fallait fuir les endroits où il s'amoncelait, les abords des bancs dans les parcs publics, les premiers mètres des plages, les lisières des forêts. Le promeneur en général ne s'aventurait pas très loin dans une nature, qui, malgré tout, restait étrangère et hostile, moustiques et serpents, et peut-être bûcheron ou rôdeur demeurant des espèces redoutables. On s'aérait, on ne s'exilait pas en terre inconnue. Il était donc facile, en laissant derrière soi les papiers gras, de trouver partout des coins tranquilles.

Je n'ai plus depuis longtemps entendu parler de papier gras. Le mot a été remplacé par celui de pollution. Les détritus sont la pollution la moins grave, mais la plus visible. Les boîtes de coca à moitié écrabouillées, les mégots, les chewing-gums écrasés sur les dalles, les bouteilles en plastique, les sachets crevés, tout cela fait beaucoup plus désordre que la quantité phénoménale de poison dans l'air, dans l'eau et dans nos aliments, quantité que l'on ne voit pas. Lorsqu'on a commencé à parler de pollution, pour la plupart des gens cela voulait dire qu'il fallait balayer dans les villes et cesser de traiter les lieux touristiques comme une décharge publique. Les autorités décidèrent donc de mettre tout leur effort d'éducation d'une population d'ailleurs assez consentante sur les déchets ménagers.

On commença par remplacer les bacs à ordures – renversés nuitamment par les chiens errants, réceptacles jamais lavés, souvent faits d'anciennes lessiveuses en acier galvanisé, bosselées, ayant parfois perdu leur couvercle – par des poubelles en plastique, objets très polluants eux-mêmes mais beaucoup plus hygiéniques. On ferma peu à peu les décharges qui fumaient dans les campagnes, de nuit, de jour, en hiver comme en été, remplissant l'air d'une saveur âcre reconnaissable entre toutes, on décréta enfin le tri sélectif, mais cela mit beaucoup plus de temps à être accepté, les Français ne voyant pas pourquoi ils œuvreraient pour le bien commun, ils payaient déjà bien assez d'impôts comme cela. Il faut dire que les poubelles, comme les égouts, ont été chez nous considérés depuis un temps immémorial comme des dépotoirs dont ne veut absolument pas savoir ni ce qu'ils contiennent, ni où ils sont déversés. Déjà les Romains (toujours eux) faisaient couler dans la nature leurs infâmes eaux usées sans se soucier le moins du monde de leur devenir, et les Gaulois avaient pris cela pour le signe d'une civilisation supérieure.

Plus le pays se désindustrialisait, plus l'air aurait dû devenir pur, l'eau des rivières limpide, et avec l'aide de la pédagogie renouvelée d'année en année au sujet des poubelles, grâce à leur aspect engageant aux abords des villages où elles s'alignaient en pimpantes aires de recyclage, on aurait dû transformer la Gaule en paradis terrestre. Mais voilà, la pollution gagnait du terrain. Elle n'était plus seulement dans les terrains vagues, où les broussailles se fleurissent de plastique pastel, où les ballons crevés, les chaussures orphelines, les emballages de barres chocolatées, les flacons de yaourt à la fraise, aplatis comme des crêpes, sont les témoins d'activités enfantines et innocentes. La pollution était devenue insidieuse et invisible, elle nous atteignait au plus profond de nos alcôves, au fin fond des chaumières, elle empestait l'air, elle rendait nocive l'eau des baignades, elle s'immisçait dans nos entrailles sous forme de perturbateurs endocriniens, il y a de quoi avoir peur, rien qu'au mot. Je n'ai pas très bien compris quand le gouvernement français décida de briser le silence et d'alarmer enfin les compatriotes, alors que toute l'Europe du Nord tremblait déjà de peur depuis des décennies devant la montée de l'horreur. On prédisait hebdomadairement dans le journal *Die Zeit* la fin de notre espèce alors qu'ici on parlait encore de pollution comme d'un défaut de balayage.

Maintenant nous sommes tous terrorisés, on a au moins gagné cela. Tous à la même enseigne, tous dans le même bateau, qui sombre. Il faut sortir de l'Europe pour trouver la vieille pollution, la pollution sympathique : en Algérie où le lit des rivières à sec s'émaille de couleurs roses, blanches, bleues, noires du plastique balancé, c'est une pure merveille ; au Laos où dans les villages du bord des routes les enfants courent pieds nus sur les quelques centimètres de polymère aplati qui couvrent partout le sol ; dans le massif de l'Himalaya, mais il faut se dépêcher, des expéditions coûteuses commencent à collecter les détritus bigarrés qui égayaient le paysage neigeux.

La France n'a plus ses papiers gras, plus ses poubelles puantes, et moins de ses efflorescences de polyuréthane. Nous devrions nous ébattre dans nos campagnes riantes, le cœur léger. Mais nous sommes chagrins, tout nous perturbe, les perturbateurs endocriniens d'abord, on l'a dit, mais aussi la vue des éoliennes, sans parler de celle des grandes cheminées en forme de bobine qui ornent nos célèbres centrales nucléaires. Lorsque nous apercevons un oiseau ou un mulot, nous le saluons comme l'heureux rescapé de la catastrophe. Nous sommes les témoins endeuillés d'un drame qui nous obsède, les acteurs d'un sauvetage impossible. On nous enjoint quotidiennement de sauver la planète, la tâche est gigantesque, rien à voir avec les papiers gras. La planète doit se marrer en douce, et attendre tranquillement que nous ayons disparu nous-mêmes pour avoir la belle vie.

Le fumier

Devant les fermes dans l'Est de la France, dans la cour ou les abords immédiats partout ailleurs, il y avait un énorme fumier. Les Lorrains et les Alsaciens jugeaient la fortune de l'exploitation à la quantité de paille souillée, joliment amoncelée au carré, qui s'étalait ainsi aux yeux de tous. La puissante odeur de la merde était celle de la campagne, et personne n'y trouvait à redire, sauf les citadins péteux qui ne savaient pas que le monde bucolique, c'est, avant les coquelicots et les bleuets au milieu des blés ondoyant sous la brise, le parfum du purin.

Dans la ferme de ma jeunesse, deux odeurs rivalisaient : d'une part celle du fumier, qui trônait dans la cour, pénétrait la laiterie où elle couvrait celle, aigre, du petit-lait, et d'autre part les effluves qui s'élevaient du bac à drèche face à l'étable. La drèche était un reste de brasserie, de l'orge, du houblon fermentés dont les vaches raffolent et qui, comme la bière pour les femmes allaitantes, fait monter le lait dans leurs mamelles tendues. On donnait à chacune une bonne pelletée de drèche chaque soir. Au petit matin, mais pas chaque matin, loin de là, on changeait la litière des vaches et la bonne bouse mélangée à la paille allait rejoindre le fumier au milieu de la cour. Tout cela était épandu à l'automne sur la terre nourricière – mais qu'il faut quand même nourrir avant qu'elle vous nourrisse. À part cette odeur fort gênante qui s'imprégnait partout, on conçoit aisément que le système nourriture-déchet-nourriture, merveilleusement clos et ayant fait ses preuves depuis le néolithique, était parfaitement satisfaisant pour l'esprit. Il répondait au premier principe de la thermodynamique, qui s'énonce comme chacun le sait de la façon suivante : rien ne se perd, rien ne se crée, tout se transforme. Il en existe des énoncés plus savants dont nous nous dispensons, puisqu'en gros, ils veulent dire la même chose.

En somme, le fumier nourrissait les champs, qui nourrissaient les vaches, qui nourrissaient les hommes et évidemment le fumier aussi, et ainsi de suite. Nos écologistes appellent ça un circuit fermé, qu'il vaut mieux, disent-ils, utiliser sur cette terre, laquelle, à part pour quelques millionnaires américains loufoques qui rêvent d'évasion dans l'espace, est jusqu'à nouvel ordre un système clos. Le problème est que le fumier, bien précieux et odorant, a été malencontreusement boudé pendant quelques dizaines d'années, passant pour absolument ringard. On lui préféra des « entrants », le mot disait déjà que le système fermé était plutôt mis à mal. On ne se demanda pas trop sous quelle forme ces entrants allaient s'assimiler et se garder, puisqu'il est entendu, selon le premier principe de la thermodynamique, etc., etc. Le précieux équilibre entre la bouse de vache et le rendement à l'hectare semblait toutefois rompu : on se rendit bientôt compte que les pesticides, c'est un peu comme la phynance, une sorte de cavalerie, on ne peut pas s'arrêter. Le système s'était-il mystérieusement ouvert, comme on le dit d'un précipice ?

Plutôt que de se gratter la tête au bord des champs bourrés d'herbicide, on redonna à plein dans le phytosanitaire. La terre devenait donc le support de chimies qui avaient fini par provoquer des maladies professionnelles chez les anciens élèves des lycées agricoles. On aurait pu penser que le bon sens paysan aurait un ultime sursaut. Mais non, pas de révolte, on sulfatait dans l'enthousiasme, on répandait les engrais avec élan, on était sûr de son fait. Puisque c'était chimique, c'était bon, et tout plutôt que ce bête fumier.

Quelques pionniers dissidents de l'INRA prirent une mine de deuil pour proclamer que ça y était, le sol était mort à force d'entrants qui ne voulaient plus sortir. Il fallait absolument faire marche arrière. On les traita d'abord de dangereux agitateurs, puis de précurseurs de génie. Un monsieur très doux qui avait compris dans son enfance méditerranéenne que les crottes de brebis faisaient de l'herbe verte que les brebis mangeaient en refaisant des crottes, cet excellent homme donna des conférences que les gens écoutaient avec ravissement. Des partis politiques se formèrent, des jardiniers accros au Roundup se convertirent, des associations vinrent en aide aux abeilles, tous se penchèrent sur la question, on allait révolutionner les biosphères et promulguer universellement la biodiversité. On ne comprenait pas vraiment le premier des deux termes, et du second on excluait d'emblée les moustiques tigres, les punaises de lit, les serpents venimeux, les scorpions, et bien sûr, les mouches. Comme le fumier produit les mouches en grande quantité, il n'est pas vraiment sûr que l'on reprenne la vieille méthode néolithique, mais enfin, attendons, dans un système fermé on revient forcément à son point de départ.

akg-images / Paul Almasy

Le parc à bébé

Quand on avait la joie d'avoir un bébé, on achetait illico de quoi le parquer, quelques mètres d'une barrière en bois, montés en un carré qui permettait de circonscrire prudemment l'espace dédié au petit monstre, sitôt qu'il était capable de se mouvoir tout seul. Cette précaution était indispensable à la vie normale d'une famille, même celle ne disposant encore que d'un unique héritier. Le bébé n'était en général pas content content d'être ainsi relégué dans une réserve, mais enfin on le laissait gueuler quelque temps, puis ça se calmait. La mère avait la paix, elle pouvait vaquer à son repassage, passer l'aspirateur (qui faisait hurler le bébé de plus belle) ou simplement s'en griller une. Avoir la paix, c'était une expression que l'on entendait souvent dans les familles, surtout nombreuses, ce qui est cependant étrange, car on sait qu'à partir du moment où on a l'imprudence de se créer une petite descendance à soi, pour la paix, c'est fini.

La barrière de bois étant vigoureusement secouée par les bébés musclés et le parc souvent déplacé sur des mètres, avec tous les dégâts attenants, on inventa une variante, une sorte de soucoupe volante en état d'atterrissage, en un assemblage étudié de métal et de plastique, décoré de petits lapins, de tulipes jaunes, d'étoiles de toutes les couleurs. L'espace était restreint, mais les appartements urbains le devenaient aussi. Le petit enclos rond avait une rambarde rembourrée, car on avait remarqué que l'ancienne barrière était grignotée par les nouvelles dents des tout petits enfants et qu'il fallait veiller à l'hygiène, laquelle devenait le principe primordial (si on peut le dire encore d'un principe, qui est d'emblée primordial, je le concède) d'une éducation bien pensée. Pourtant, puisque l'hygiène était respectée par les constructeurs de ces parcs nouveau genre, on se dispensait d'en rajouter et ni la rambarde, ni le fond coloré de l'ustensile n'étaient souvent lavés, ce qui le transformait en un milieu très favorable à la prolifération des bacilles. On hésitait donc à refiler le parc à ses frères et sœurs nouvellement parents, comme on le faisait des stérilisateurs à biberons, des landaus, des poussettes, des langes et de leurs épingles de nourrice. Le truc n'était vraiment plus présentable, petits beurres irrémédiablement collés au fond, filet déchiré, rambarde lacérée. La mère voyait à l'état de l'engin toute la force que l'enfant mettrait à s'affirmer et elle en avait des frissons que le célèbre instinct de son cœur réprimait au plus vite.

Le parc, dans sa version ancienne et dans sa forme nouvelle, fut oublié, mais comme pour beaucoup d'objets familiers, je n'ai pas noté la date exacte à laquelle on mit tout ça au rebut, dans des remises poussiéreuses où ils s'amoncelèrent jusqu'à l'invention bénéfique des vide-greniers. On peut donc encore voir dans les rues de nos villages du Sud, au moment de ces manifestations où se précipitent des touristes épuisés de chaleur, ces petits enclos tristes et bigarrés de couleurs vives, cages à bébés sans leurs bébés. Personne ne les achète car l'usage en est maintenant presque sacrilège. On n'enferme plus les bébés, ils se traînent partout, ils envahissent l'espace où ils règnent en tyrans. Lorsque l'enfant arrivait, on pensait autrefois qu'il devait faire un effort, les autres étaient déjà là, papa, maman, tata, tonton, papi, mamie, des tas de gens qui portaient des noms à deux syllabes simples, on attendait du nouvel arrivant qu'il s'intègre dans une famille, à laquelle il devait finalement le bonheur d'exister, même parqué derrière une barrière. Il y avait des livres pour les jeunes mamans qui expliquaient qu'il fallait réprimer sa tendresse, non, le petit n'était pas une merveille, grâce aux soins attentifs il s'en rendrait compte lui-même, il fallait le guider vers la place, pas trop grande, que raisonnablement il occuperait en ce monde. Pas de compliments vains, pas d'admiration folle, donner aussi l'exemple d'une modestie vraie. Le coup ne marchait pas à chaque fois, en général il fallait que la mère soit chapeautée par une autorité supérieure, un habitus social qui avait fait ses preuves, de fortes traditions populaires ou bourgeoises, ou les conseils d'un Monsieur le Curé, mais enfin on avait de l'éducation une vision très nette, elle était réussie ou elle était ratée.

Ces temps sont révolus, comme est passée la mode de parquer les bébés. Les principes existent toujours, mais comme ils pullulent en une masse brouillonne, ils ne sont plus que d'un secours réduit.

La mère privée du parc, pressée par ses horaires, le père débordé, les grands-parents stressés ont rendu leurs armes et ne cherchent même plus à éduquer l'enfant. Un moment on a été jusqu'à penser qu'il fallait lâcher tout et faire de l'être faible le roi de la maison. Comme cela devenait fatiguant, pour le monarque comme pour ses sujets, la solution fut celle d'une externalisation de la tâche : on décida que la meilleure éducation est celle donnée par ceux qui en font le métier, et en dépit de la méfiance qu'inspire toujours la noble institution, l'âge de la scolarisation fut avancé de façon à ce que les enfants soient ceux de la nation. Les problèmes sont les mêmes, et à passer près des écoles, à l'heure de la récréation, on constate qu'ils engendrent toujours autant de dissensions. Toutefois, à une échelle plus grande on voit mieux les questions, et des armées de pédagogues s'y penchent avec résolution. On y arrivera, n'en doutons pas, d'ailleurs on est passé du petit parc crasseux à la grande cour d'école, et voilà déjà un notable progrès.

Le ris de veau financière

On pouvait faire les ris de veau de différentes manières, mais la préparation de base était déjà toute une affaire : il fallait d'abord les faire dégorger *longuement* (le longuement est essentiel) à l'eau froide, puis les faire blanchir trois ou quatre minutes pour ensuite les rafraîchir *complétement* (remarque similaire). Puis il s'agissait de les parer, c'est-à-dire d'extraire de leur masse peu appétissante les parties cartilagineuses tout en laissant, c'est là qu'était l'art, la peau de dessus qui permet à ladite masse de ne pas s'écrabouiller sur elle-même en un tas désastreux. Si à ce stade on avait évité les haut-le-cœur, on poursuivait en mettant les ris sous presse (un bon poids de balance Roberval placé sur une assiette suffisait, mais attention, pas trop lourd, sinon gare à l'assiette) pour briser les fibres, qui sinon se seraient lamentablement rétractées à la cuisson, transformant chaque ris de veau en une petite boule dure et grisâtre. Durant cette heure de presse, on avait le loisir de préparer la garniture, car un ris de veau sans garniture, c'est comme actuellement des frites sans ketchup, ça manque singulièrement de charme. Les cheveux déjà collants de sueur, on se penchait à nouveau sur les ris de veau dont les fibres étaient désormais astucieusement brisées, on les piquait de très, très fins lardons de lard gras (pas de lard maigre, ce qui aurait été une déplorable erreur) et on les déposait amoureusement sur un lit de petits légumes, exactement comme on le faisait pour le fricandeau à l'oseille, mais oui, rappelez-vous. Les ris de veau fort saisis ne mouftaient plus et braisaient doucement. Ensuite on glissait le tout pendant trente à quarante minutes dans le four afin que le dessus soit admirablement doré. Pour l'indispensable sauce, on avait un choix pratiquement infini : juste deux exemples pour faire vite, avec un soupçon de madère on obtenait des ris de veau à la Demidoff, à la toulousaine on avait velouté, etc. Suivant la fameuse garniture le plat était plus ou moins somptueux : assez simple à la Clamart, avec quelques bonnes cuillerées de petits pois au beurre ; comtesse ils s'étaient accoquinés avec une gentille frise de petites demi-laitues revenues au beurre, alternées avec de ravissantes et minuscules croustades remplies de pointes d'asperges ; financière, c'était l'apothéose : ils étaient dressés (eux-mêmes ne se dressaient plus guère à ce stade des opérations) avec une garniture composée de quenelles, de champignons, de truffes, d'olives, de crêtes et de rognons de coq, le tout lié avec une sauce madère additionnée du fond de cuisson réduit.

Personnellement je n'ai jamais préparé ce succulent et riche mets, toutefois la recette n'est pas une invention burlesque de ma part, elle est tirée du célèbre ouvrage de Pellaprat édité après la Première Guerre mondiale et justement intitulé *La Cuisine de tous les jours*. L'homme de l'art insiste dans sa préface sur le fait qu'il a voulu doter les ménagères et maîtresses de maison d'un ouvrage pratique, qui ne contienne rien au-dessus du simple aspic ou du banal chaud-froid dans l'échelle gastronomique. Ouf ! On avait eu un peu peur.

C'est pour cette tradition merveilleuse que la cuisine française a été remarquée par les bureaucrates de l'Unesco, bouffis de hot-dogs et de sandwiches avalés à la va-vite, comme étant un patrimoine de l'humanité. Ah, doux nostalgiques, quelle belle et noble action ! Pour ce qui est de nous, sauvons ce qui peut encore l'être, foin des pièces montées et des faisans rôtis dressés sous leur plumage, nous ne sommes plus à la cour du roi, sauvons la cuisine sans complication, les œufs cocotte à la parisienne, les petits pains de foie de veau à la Valois, les pieds de mouton à la rouennaise, le plus vigoureux tournedos à la hussarde, la très patriote côtelette d'agneau Madelon, les discrets canapés Joinville, les truites glacées à la mâconnaise qui allient si franchement les oignons et le vin rouge. Que d'invention, que de surprises, même dans ces plats sans chichis !

Mais sauver, sauver ce qui fout le camp n'est pas chose facile. On oublie que dans les petites villes de France, si célèbres pour leurs recettes du cru, il n'y a parfois plus de boucher, auquel on demandait autrefois sans rougir « un bon morceau dans la culotte » ; au supermarché la viande est empaquetée et estampillée « morceau à rôtir », « pièce à braiser », plus personne ne sait plus ce qu'est la macreuse ou l'araignée. Les poissons à l'étal ont été pêchés dans des mers tellement exotiques qu'on a fini par marquer d'une grande étiquette fort lisible les quelques rares qui se sont fait choper dans nos eaux territoriales ; les fruits viennent de pays plus ensoleillés que le nôtre, les tomates poussent hors-sol sous des serres en Groninge. Les plats tout préparés libèrent la ménagère et son ménager, sans parler des ménagers célibataires qui sont légion, des préparations fastidieuses dont nous venons de voir un exemple. En outre, supposé que les ingrédients soient là, il est maintenant évident même pour les plus accros que la cuisine patrimoniale est un pur défi à la raison diététique : décharges de cholestérol énormes, toxines en tous genres, difficultés digestives garanties, surpoids à l'horizon. Nous sommes donc pris entre les contradictions (les contradictions on le voit sont le triste lot de notre époque) : d'une part l'envie que ne se perde pas la mémoire des ris de veau financière ni le savoir-faire que réclame un bon tournedos à la hussarde, d'autre part le souci à présent universel de la forme, ce dernier mot étant pris dans le sens sportif et non premier, mais à y bien réfléchir cela revient au même, tant il est vrai que la cuisine française est capable, grâce à ses délicates combinaisons de saveurs diverses et de lipides variés, de vous donner en quelques gueuletons une forme de belle poire.

Le restaurant, institution qui en 1792 sauva de la misère les cuisiniers des aristos, lesquels s'étaient carapatés pour sauver, eux, non leur faste culinaire, mais leur peau, le restaurant donc est une ressource parfaite : on se paie de temps en temps, le temps que la mémoire ne s'efface pas, un festin de prince. Mais là encore, gare : les restos pullulent de façon si sauvage, ils envahissent nos rues, ils phagocytent nos boulevards, qu'il est bien sûr impossible de trouver partout la bannière relevée de notre cuisine déchue. La pléthore de la boustifaille tue la noblesse de la gastronomie. Résultat : les vrais délices sont fort chers et fort peu démocratiques. Alors les plus purs, les vrais gastronomes gaulois, ceux qui écoutent tous les dimanches *On va déguster* sur France Inter, reprennent le flambeau, ils aiguisent leurs couteaux, elles sortent leurs cocottes en fonte, ils salivent à l'avance, elles peaufinent les juliennes, et toute cette armée de l'ombre, innombrable et anonyme, admirable renfort de dernière heure dans la campagne que l'on croyait perdue, passe des heures graisseuses penchée sur les fait-tout. Comme autant d'Astérix résistant aux Romains (recoucou), nos petits Brillat-Savarin font fi des salades César et des maxi-burgers. Ils lient des sauces Dugléré, malaxent du beurre de

Montpellier, ils surveillent de près leur daube de bœuf marseillaise, ils mitonnent des rognons de veau Montpensier, parfois même ils les font griller à la béarnaise. Ah quelle belle ardeur, gloire à eux, obscurs défenseurs de nos trésors les plus précieux !

akg-images / Paul Almasy

La lorgnette de théâtre

Cet objet-là faisait plutôt partie du trousseau de mon arrière-grand-mère. Je me souviens en avoir eu une entre les mains, charmante petite paire de jumelles rehaussées d'aplats de nacre, qui tenaient juste dans la paume et que l'on pouvait donc manipuler avec tact. Elles étaient l'outil de l'indiscrétion et devaient par conséquent se faire discrètes pour qu'on le leur pardonne. Elles permettaient aux belles de reluquer les autres belles installées dans leur loge à l'opéra ou se pavanant au parterre des théâtres. Instrument d'observation, elles nourrissaient la curiosité, curiosité qui à son tour nourrissait la conversation, sans laquelle le plaisir d'être ensemble aurait manqué de sel. Autrement et plus rapidement dit, la médisance était fondamentale et depuis longtemps devenue en France un véritable art que le monde cultivé nous enviait. Le XVIIIe siècle avait raffiné à l'extrême la vacherie bien pensée, la pique meurtrière, et être une langue de vipère était plutôt un compliment : dans ce cas on avait le sens de l'observation et de la répartie. On appelait cela l'esprit.

Cependant la surveillance réciproque n'était pas seulement l'apanage des classes fréquentant les théâtres. Les petites gens eux aussi se zieutaient l'un l'autre, et avec autant de férocité ; il s'agissait de ne pas sortir du rang, ce qui s'exprimait de façon plus rude par : ne pas péter plus haut que son cul. Il semble bien que le ciment social, depuis des siècles et jusqu'à une époque récente, ait été fait de contrôle par la base bien plus que par une autorité supérieure. La surveillance avait plusieurs noms, les convenances, les bienséances, le comme-il-faut, le ça-se-fait-pas. Les femmes étaient censées s'y soumettre d'office, et celles qui renâclaient passaient pour être de dangereuses rebelles ou des originales : c'est dire que si l'on voulait sa liberté, il fallait s'y prendre tôt et commencer par avoir du culot. La réputation pour les femmes étant alors ce que l'on peut à tout instant perdre, les plus timorées ne se donnaient pas la peine de moufter et tout marchait pour elles dans le consensus général ; au moment de la ménopause et dans le grand âge, elles se disaient parfois qu'elles n'avaient pas vécu. Mais les hommes eux aussi se mouvaient sous le regard des autres, eux aussi pouvaient perdre leur réputation et en général ils se brûlaient alors la cervelle, après avoir fermé à clef la porte de leur bureau.

Cela donnait des scènes grandioses, il faut bien l'avouer. Mais qu'est donc devenu le passe-temps favori de tant de générations, la passion des concierges et des lecteurs de gazettes ? Pourquoi s'intéresse-t-on si peu à ce que fait le voisin ? Sommes-nous devenus des bêtes sauvages ? Chacun est-il à ce point asservi par la vie soi-disant active qu'il en oublie l'essentiel, le plaisir des remarques vachardes ? Il me semble que si on part du principe que vivre ensemble c'est vivre sous le regard de l'autre, l'abandon de la lorgnette signale que le lien social est en piteux état.

Mais non, me direz-vous, nous avons à présent une méga-lorgnette et nos yeux sont partout : les médias ont créé la panopticité, des réputations sont ruinées le temps d'une seconde. Certes, certes, mais que faisons-nous, de l'autre côté de la lorgnette ?

Ébahis par un tel spectacle proprement shakespearien ne perdons-nous pas l'usage de la parole ? Et puis le mieux est l'ennemi du bien : parce que nous voyons tout nous sommes désabusés, tant il est vrai que pour être curieux il faut bien que quelque part quelque chose soit caché. Quand les cartes tombent il n'y a plus de jeu.

Et nous voilà réduits à des expédients, des ragots de seconde main, des commérages réchauffés. Les people sont d'un précieux secours en ces temps de disette et les affamés se passionnent pour des êtres que jamais ils ne verront vraiment. Les enfants ont à présent des amis virtuels qu'ils perdront si l'électricité un jour vient à manquer. Toutefois ne nous plaignons pas trop, pour ceux qui chérissent la solitude les temps sont délicieux. Tout le monde est tellement occupé à se mettre en scène sur la face de bouc, à filmer son moindre pas, à photographier le moindre plat qu'il mange et en faire profiter les multitudes que personne n'a plus une minute pour dire du mal de son contemporain. La lorgnette somme toute s'est retournée et nous fixe bêtement. Elle ne sert plus à lorgner autrui et à se réjouir des défauts qui y fourmillent, à monter en épingle le plus petit faux pas, à rigoler en douce du moindre ridicule. Non, elle s'est affranchie du tiers, elle fonctionne maintenant en circuit fermé : elle sert avant tout à faire sa propre pub, et à promouvoir un ego qui ne se mesure plus qu'à lui-même. L'automisation du moi est une vraie merveille : il ne dépend plus du jugement des autres, qui sont tellement dédiés à leur scénario personnel qu'ils n'envoient au mieux qu'un vague *like* qui n'engage à rien. Tant d'efforts pour occuper une scène qui reste désespérément vide ! À moins que je n'aie rien compris, que la méga-lorgnette réalise enfin la société idéale : celle d'êtres qui se meuvent entre les fantômes de leurs désirs, esquissés faiblement comme dans les clips, dans une évanescence qui ne manque pas de poésie. Flottant dans un espace virtuel, en état d'apesanteur, offerts à tous les regards, transparents et purs comme les bulles de savon qui irisent l'air quelques secondes de leurs reflets et crèvent tout à coup.

Dans ce cas en effet, la lorgnette de théâtre était préhistorique. Elle tissait des liens grossiers et le raffinement dont elle se voulait le symbole était une imposture. Je commence à comprendre pourquoi on nomme la nouvelle scène « réseaux sociaux », nous l'avons en effet, la communauté parfaite, celle d'atomes abîmés dans la contemplation d'eux-mêmes. Et puisque les vieux, c'est connu, deviennent misanthropes, il leur suffit d'ignorer les nouveaux subterfuges pour être définitivement délivrés d'autrui ; lorsque dans le salon de mamy tout le monde compulse son téléphone, mamy, d'abord surprise et consternée, a fini par se faire à ce silence reposant, son regard caresse toutes les têtes penchées, un sourire lisse ses traits vieillis, elle rêvasse, peinarde.

La boîte à compas

Mon père avait fait des études d'ingénieur, malheureusement interrompues par le STO. Je pense qu'il avait adoré ces deux années passées à Lyon, il en parlait avec émotion. Sa formation comprenait quelques heures hebdomadaires de dessin industriel, et j'ai même une photo de lui sur laquelle sa tête rigolarde pointe au bord droit d'une grande planche à dessin inclinée. Il avait gardé de cet apprentissage l'art d'écrire des caractères exactement calibrés, rigoureusement semblables les uns aux autres, comme s'ils sortaient de l'imprimerie. Et il conservait de ses semestres d'étudiant une boîte à compas qu'il ne me confia que très tardivement. Je n'en eus guère l'usage, mais elle resta longtemps pour moi une relique précieuse. Elle disparut entre les mains d'un enfant ou peut-être d'un petit-enfant. Mais non, ce dernier cas est impossible, il y a bien longtemps qu'on ne dote plus les gamins d'instruments de ce genre, ils ont tout sur des boîtes autrement magiques et tracer un cercle correct, en appuyant ce qu'il faut sur l'axe afin que la pointe ne vienne pas déchirer le papier, tourner la mine avec précaution, lentement, est un plaisir qui leur demeurera probablement inconnu.

De nos jours la boîte à compas est une antiquité, comme la règle à calcul ou le rapporteur, on les regarde avec une condescendance mêlée de nostalgie. En ces temps, Monsieur, on croyait en la science. Et l'on respectait ces humbles outils qui ouvraient la première des innombrables portes du temple. Le temple du savoir, des arts et des sciences, celui de l'*Encyclopédie*, celui qui devait rendre l'humanité heureuse. Pauvre compas, dans quelle aventure t'avait-on fourré ? Est-ce vraiment ta faute si ont été dévoyées les promesses que ta seule vue faisait éclore ? Pourquoi t'imputer le désolant gâchis, pourquoi te reprocher les boutons piétinés avant même qu'ils ne soient devenus fleurs ? Pourtant, pour moi la boîte à compas persiste à trimbaler toute cette croyance dans le Progrès que mon père, malgré ce qu'il avait vécu, malgré Hitler et malgré Hiroshima, continuait de porter en lui. La science était bonne, comme l'industrialisation était gage de prospérité générale, comme l'école était garante d'éducation des masses, comme la technique abolissait les peines. Et le travail bien fait, au petit poil, était naturellement la condition première de tout cet épanouissement. La Raison n'avait pas encore perdu sa majuscule.

Le désenchantement s'installa durant les années que je vécus. Elle est envolée pour longtemps, l'illusion selon laquelle, une fois que notre faible discernement aura su lire toutes lois éternelles de la nature, comme notre faible main déjà sait tracer des cercles parfaits, s'ouvrira l'ère de la félicité. Nous pataugeons dans le doute, nous nous défoulons dans les sarcasmes, et, quand la coupe est pleine, nous cherchons rageusement des responsables. C'est la faute aux Lumières, qui furent le début de l'erreur. D'aucuns portent même l'accusation jusqu'à Leibniz et sa théodicée, c'est tout dire, ça fait donc un bon bout de temps qu'on est en train de se planter. La grande revanche de la bêtise, qui atteint des sommets dans des civilisations jusqu'ici considérées comme les plus raffinées, ne nous étonne plus : c'est le juste retour du balancier, il fallait s'y attendre. Et nous encaissons passivement les attaques les plus infâmes à la vérité, les coups bas les plus impudents portés contre le bon sens, l'enfumage des foules et le discrédit des intellectuels. Ce n'est pas armé d'un compas, encore moins d'une plume, qu'on peut ici combattre !

Ah l'heureux temps où l'on croyait que la Science était la servante de l'Humanité, où l'avenir était un champ ouvert jusqu'aux infinis, où Lavoisier (lequel découvrit les célèbres principes de la thermodynamique qui ont été très utiles à nos argumentations, qu'il nous soit ici permis de lui rendre l'hommage qui lui est dû) où Lavoisier donc et Pasteur n'étaient pas seulement des noms de rues, où Auguste Comte régnait sur les esprits, et heureux même le temps où ce bigleux de Sartre indiquait vaillamment la voie où s'engager. Bien loin d'atteindre les astres que nos méga-télescopes débusquent dans les obscurités des sphères, nous nous tordons tels de misérables vermisseaux dans la fange de l'ignorance, de la crédulité, de la servilité. Les moins abrutis d'entre nous observent encore de loin les cabrioles de nos grands, les émeutes de nos petits, les découvertes de nos savants incapables de les expliquer au grand nombre, les utopies ramollies et poisseuses. Impossible de voir là-dedans un vaste mouvement général comme notre rationalité les aime, en un mot un Progrès, tout s'agite de façon désordonnée, « on ne sait pas où on va » est devenu la phrase-clé, proprement inutile dans le cas présent, comme dans tous les cas d'ailleurs. Bref, c'est la chienlit complète, épistémologiquement, socialement, idéologiquement parlant, il faudrait tracer avec le compas un vaste cercle, bien propre, bien net, se placer au milieu et jeter au dehors toutes les fausses idées qui nous encombrent. Mais pour ça il faudrait encore pouvoir distinguer lesquelles sont les fausses. Du temps d'Auguste Comte, pas de problème, ça marchait comme sur des roulettes. Aujourd'hui c'est franchement coton, depuis le scientisme on a perdu pas mal de repères fort commodes. Dans le foutoir, seul le vrai nietzschéen peut encore tirer son épingle du jeu. Mais c'est plutôt botter en touche, si vous voyez ce que je veux dire (moi-même je ne vois pas très bien, mais il ne faut jamais douter de son lecteur).

Gamma-Rapho / Keystone

La mappemonde

Dans toutes les maisons où était cultivée la culture, il y avait un certain nombre d'objets obligés : une encyclopédie, une série de la revue *Historia* (l'abonnement avait été interrompu un jour, on ne se souvenait plus exactement pourquoi), parfois un buste de Beethoven placé sur un piano le plus souvent fermé, et une mappemonde. Elle venait en général de l'enfance d'un des parents, elle portait le nom de pays disparus. Il y en avait bien sûr des versions plus modernes, avec l'électricité par exemple, le monde s'éclairait alors de l'intérieur, phénomène que la nature n'offrait pas, ou munies d'un petit moteur caché dans le support, qui la faisait tourner bêtement. La nôtre était de fort carton et de dimensions généreuses, sans ampoule ni mouvement. Mon père me la montrait souvent, avant même que je puisse lire le nom des océans et celui des rivières. Je me rappelle mon étonnement lorsqu'il m'apprit que tout ce bleu sur le globe était des masses d'eau, des immensités d'eau, comment faisaient-elles pour ne pas dégouliner dans l'infini ?

On disait alors le globe et non pas la planète. Je pense à présent qu'il existe une grande différence entre ces deux vocables : le globe, cela pouvait encore se maîtriser, cela était même ce dont l'Occident avait fermement décidé de se rendre maître. Il existait bien, outre la vieille Europe et la jeune Amérique, de vastes continents, mais ils étaient plus ou moins destinés à recevoir notre civilisation, pour leur plus grand bonheur. Le globe constituait donc un réservoir de conquêtes, pacifiques si possible, voulues par le Progrès, d'ailleurs on ne parlait plus de colonisation, terme entaché de sales histoires pas nettes (ce qui n'empêchait pas de rafler en douce toutes les matières premières dans ce qu'on appela vite le tiers-monde, et bientôt la main-d'œuvre, que l'on employa à bas prix dans des usines exportées tout exprès), on ne parlait plus de colonisation donc, mais de développement. L'avancée de l'intelligence occidentale dans les brousses et les forêts était chose inéluctable. Les ethnologues trouvaient encore des petits coins paumés, intacts par miracle, mais enfin il n'y en avait plus pour longtemps et les meilleurs d'entre eux flottaient dans une mélancolie contagieuse pour leurs quelques lecteurs. On avait dans la profession le tropique triste. À part chez ces spécialistes de mondes à l'écart, l'ambiance était plutôt à l'optimisme : nous allions délivrer pour toujours les populations prisonnières de leur manque de monnaie, de leur absence d'échanges, de leur standing de vie regrettablement bas, de leurs coutumes barbares, de leurs maladies. Le missionnaire avait donc été remplacé par l'humanitaire, ce qui pour l'indigène ne faisait pas une grande différence, l'un et l'autre, l'homme de foi comme l'homme de cœur, partant du principe qu'ils n'avaient absolument rien à apprendre de ces sauvages. Voilà ce que contient, du moins c'est ainsi que je le vois a posteriori, le mot de globe. Le globe terrestre, quelque chose de facilement cernable, de sympathiquement rond, qui part de l'Occident pour, en faisant le tour, y revenir.

Il en va tout autrement du terme de planète. On se figure plutôt un astre dérivant dans une course aveugle au sein d'infinis inquiétants. On ne dit d'ailleurs pas notre planète, mais *la* planète, comme s'il n'y en avait plus qu'une, comme si les configurations célestes, réglées d'éternité, n'étaient plus en vue de notre terre, pauvre corps errant dans l'immensité des espaces. La planète est déboussolée, elle a perdu le nord, elle va se planter, on ne sait pas du tout où, d'ailleurs. Il faut la sauver, notre tâche est urgente, notre responsabilité engagée, nous frisons l'implosion ; en même temps que la biodiversité, notre civilisation occidentale prendra fin, adieu pétrole pompé en Arabie, adieu tee-shirts fabriqués en Chine, adieu médicaments qui nous viennent de l'Inde, adieu bagnoles assemblées au Maroc, adieu jeux vidéo inventés au Japon. Nous risquons gros, à la fois notre milieu biologique, couic, plus d'*Homo sapiens* et notre confort, couac, plus de clim en période de grand réchauffement, il faut sauver le tout, deux tâches antinomiques, mais qui nécessitent toutes deux toute notre attention, on voit le challenge ! Si les énormes porte-containers cessent de sillonner le bleu de la mappemonde, c'en est fini de nous. Mais voilà, en même temps il faudrait qu'ils suspendent leur manège, que les petits poissons s'ébattent librement, que les bananes poussent sans chlordécone, que les tee-shirts se fabriquent sans eau. *La* planète inaugure donc une ère pleine de contradictions, que les savants ont nommée anthropocène, le mot est prometteur.

On l'a compris, le globe nous donnait de l'avenir une idée positive, la planète au contraire est déprimante. Faut-il donc revenir au globe ? Mais comment faire, il n'y a plus d'indigènes à civiliser, et quand on en trouve par hasard encore quelques-uns, ils s'enfuient apeurés, ils ont depuis longtemps compris. En langue anglaise, pour mondialisation on emploie le beau mot de « globalization », le globe est englobé, ça y est, il n'y a plus de terre vierge, nous avons étalé sur toute la surface comme une épaisse et écœurante couche de confiture trop sucrée. Ça poisse, ça colle.

La mappemonde pour l'enfant, c'était une promesse, des mondes à découvrir, des ailleurs par milliers. J'ai eu l'instinctive prudence de ne pas trop m'engager dans ces histoires de globe, parce que je n'ai jamais pensé que nous pensions mieux que d'autres. Je suis restée du côté mappemonde, j'ai voyagé, au-dessus des grandes surfaces bleues et le long des grands fleuves, essayant dans le peu de temps qui m'était imparti de pénétrer le plus grand nombre de forêts et de villes, de frôler les déserts et de mettre mes pieds dans tous les océans. Chaque départ était une embarquée, à chaque retour je me trouvais changée. Je l'ai fait longtemps, avec un plaisir enfantin, puis, peu à peu je ne rapportais plus qu'une consternation grandissante. Je poussais encore quelques explorations, pour me mettre à l'épreuve, et parce que je suis loin d'avoir couvert toute la mappemonde. Mais à présent je suis désabusée sans doute, je ne peux plus lécher à petits coups de langue, comme le font les touristes aujourd'hui, la couche de confiture trop sucrée qui couvre la planète ; et quand, fuyant les touristes, je me réfugie dans des contrées qui ne sont pas dans *Le Routard*, les plus nombreuses, la confiture y est déjà, en fine couche que se disputent les affamés.

Table

Composition et mise en pages
Nord Compo à Villeneuve-d'Ascq

Imprimé en France
par la Nouvelle Imprimerie Laballery
rue Louis Blériot 58500 Clamecy
novembre 2021 - N° 110975

La Nouvelle Imprimerie Laballery est titulaire de la marque Imprim'Vert®